民族之魂

礼尚往来

陈志宏◎编著

延边大学出版社

图书在版编目（CIP）数据

礼尚往来 / 陈志宏编著 . -- 延吉 : 延边大学出版
社 , 2018.4（2023.3 重印）
　（民族之魂 / 姜永凯主编）
　ISBN 978-7-5688-4479-6

　Ⅰ .①礼… Ⅱ .①陈… Ⅲ .①品德教育—中国—青少
年读物 Ⅳ .① D432.62

中国版本图书馆 CIP 数据核字（2018）第 069116 号

礼尚往来

编　　　著：陈志宏
丛 书 主 编：姜永凯
责 任 编 辑：王　静
封 面 设 计：映像视觉
出 版 发 行：延边大学出版社
社　　　址：吉林省延吉市公园路 977 号　　邮编：133002
网　　　址：http://www.ydcbs.com　　E-mail：ydcbs@ydcbs.com
电　　　话：0433-2732435　　　　传真：0433-2732434
发行部电话：0433-2732442　　　　传真：0433-2733056
印　　　刷：三河市同力彩印有限公司
开　　　本：640×920 毫米　　　　1/16
印　　　张：8　　　　　　　　　字数：90 千字
版　　　次：2018 年 4 月第 1 版
印　　　次：2023 年 3 月第 2 次印刷
ISBN 978-7-5688-4479-6

定价：38.00 元

人有灵魂，国有国魂；一个民族，也有民族魂。

鲁迅先生曾经说过："唯有民魂是值得宝贵的，唯有他发扬起来，中国才有真进步。"

鲁迅先生以笔代戈，战斗一生，曾被誉为"民族魂"。

民族魂，顾名思义，就是一个民族的灵魂！民族魂，是一个民族的精髓，体现了一种民族的精神，是一个民族生存和存在的精神支柱。

什么是中华民族的民族魂？那就是中华民族精神！它是中华民族凝聚力的理念核心，是中华文明传承的基因。它包含热烈而坚定的爱国情感，对生活的美好愿望和追求，为目标努力奋斗的拼搏毅力，为正义事业不惜牺牲自己的精神，以及正确的人生观和价值观。

前 言

翻开浩瀚的中国历史长卷，我们可以看到数不胜数的，体现民族精神和民族魂的英雄人物和可歌可泣的感人故事。

民族魂，不仅体现在爱国主义精神和行动中，而且体现在各个领域自强不息的民族奋斗中。而中华民族精神的力量，更是深深植根于延绵几千年的传统文化之中，始终是维系中华各族人民共同生活的纽带，是支撑中华民族生存和发展的精神支柱，是不断推动中华民族前进的强大动力。

民族魂体现在"重大义，轻生死"的生死观中；民族魂体现在"国家兴亡，匹夫有责"的使命感中；民族魂体现在"我以我血荐轩辕"的大无畏精神中；民族魂体现在将国家利益置于最高的爱国情怀中！

纵观中华五千年文明史，曾经有多少杰出的政治家、军事家、思想家、文学家、科学家、艺术家；曾经有多少忧国忧民、鞠躬尽瘁的仁人志士；曾经有多少抗击外敌、英勇献身的民族英雄。他们或顺应历史潮流，积极改革弊政，励精图治，治国安邦，施利于民；或为人类进步而不断进行着农业、工业、科技、社会等各种创新；或开发和改造河山，不断创造着灿烂的中华文明；或英勇反击外来侵略，捍卫着国家主权和民族尊严；或坚决反对民族分裂，维护国家的统一……他们从不同的侧面，体现了中华民族的民族魂，谱写了几千年中华文明的壮丽诗篇，铸造了中华民族高尚而坚不可摧的"民族之魂"。

民族魂，就是爱国魂。从屈原在汨罗江边高唱的《离骚》，到文天祥大义凛然赴死前的"人生自古谁无死，留取丹心照汗青"的诗句；从岳飞的岳家军抗击入侵金兵，到郑成功收复台湾；从血雨腥风的鸦片战争，到硝烟弥漫的十四年抗战，再到抗美援朝的隆隆炮声……哪个为国捐躯的英雄不是可歌可泣的？

民族魂，就是奋斗魂。从勾践卧薪尝胆，到司马迁秉笔直书巨著《史记》；从鉴真东渡传播佛法终在第六次成功，到詹天佑自力更生建铁路；从袁隆平百次实验成为"水稻之父"，到屠呦呦的青蒿素获得诺贝尔奖……哪个不是历经艰难，最终取得成功？

民族魂，就是改革献身魂。从管仲改革到商鞅变法；从王安石变法到百日维新……哪次变法图强不是要冲破

民族之魂

旧势力的阻挠，或流血牺牲？

民族魂，就是创新魂。古有毕昇发明活字印刷，今有王选计算机照排；古有指南针、造纸术、火药、浑天仪、地动仪的发明，今有神舟号的相继飞天……哪个不是中华民族的智慧结晶？

自古以来，多少仁人志士为了维护人格的尊严和民族气节，以生命为代价！留下了"玉可碎不可污其白，竹可断不可毁其节"的称颂；有多少英雄豪杰，为理想和事业奋斗，面对死亡的威胁，大义凛然；有多少爱国壮士面对侵犯祖国的列强，挺身而出而献出生命。

前 言

伟大的中华民族孕育了五千年的辉煌，五千年的历史留下了璀璨的中华文明。

中国人的血脉流淌着顽强不屈的精神！我们的先辈用血汗和生命铸就了不朽的中华民族魂！换得如今中华大地的一片祥和安宁，换得我们现在的幸福生活。如今，我们要实现习近平主席提出的中国梦，依然需要我们秉承祖辈留下的这种"民族魂"。

青少年是国家的希望，亦是民族的未来。因此，爱国主义教育和励志图强教育要从青少年开始。为了增强对青少年的民族精魂和志向教育，我们精心编写了本套丛书——《民族之魂》丛书。

本套丛书将我国有史以来体现民族精神和民族魂的典型事迹，以通俗易懂的语言故事形式展现出来，适合青少年的阅读水平和欣赏角度。书中提供的人物和事件等故事，涉及社会的各个方面，有利于青少年学习和理解，使读者能全方位地领悟中华民族精神。

为了帮助读者更好地理解和吸收故事的精神，编者在每篇故事后还给出了"心灵感悟"，旨在使故事更能贴近现实社会，让读者结合自身的需要学习领会，引发读者更深入的思考。

希望读者们可以从本套图书中获得教益，通过阅读，真正体会到中华民族之魂所在，同时能汲取其精华，不断提升自己各方面的素质和品格，为祖国新时代的建设和发展做出努力。

全套丛书分类编排，内容详尽，风格独具，是广大读者尤其是青少年爱国励志教育的优秀阅读材料。相信本套丛书一定可以成为青少年朋友的良师益友。

民族之魂

导言

　　"礼"是古今中外人际交往中最重要的关系之一。礼者,礼貌、礼节、礼仪、礼性,它是传递情谊、增进团结、融洽和改善人与人之间关系的一大纽带。中国自古便有"礼仪之邦"之称,古人还把是否讲究礼仪当作人与禽兽相区别的一个重要标志。春秋时期的著名政治家晏婴说过:"凡人之所以贵于禽兽者,以有礼也。"

　　传统的礼仪道德认为,一个人有美好的仪表仪态,举止庄重,进退有礼,仪容可观,执事谨敬,文质彬彬,不仅能够保持个人的威严而获得他人的尊敬,而且还有助于进德修业;不仅有助于个人道德境界的提高,还会对社会文明进步产生积极的影响。

　　"礼"外在的表现是表示尊敬、友好的态度、语言和动作;就内在的含义,它是一种尊重人与人友好相处的心态。礼是一个社会的风俗习惯,它与粗俗、野蛮相对立,是人类社会进步的产物。"礼"主要体现在一整套具体的礼节、礼仪之中,这些具体的规定就是人与人之间的交往规范。随着人类社会的不断进步,礼节的变化也越来越朝着更加文明的程度发展。

在现在社会，礼貌是人最基本的素养之一。如在路上遇见相识的人，应有礼貌地打招呼；在公共车上应主动让座位给老、幼、病、孕等需要帮助的人；在餐馆进餐时不应大声喧哗和狼吞虎咽等难看的吃相；有事麻烦别人时，不论是请教还是要求对方办事或向对方询问，都应该和气谦虚；别人帮了你的忙，应该说声"谢谢"；别人交谈时不要插嘴；不论自己有多高的身份，千万别摆架子；说话文明不暴粗口……这些皆为礼的表现。

　　在中华民族悠久的文明史上，流传着许多相互尊重、以礼待人的佳话美谈。在本书中，我们介绍了一些相关故事，希望读者通过对此书的阅读，可以从中受到启迪和教益。

　　待人以礼，既是对人的尊重，也是自己有教养的表现。人与人之间只要做到相互尊重、以礼相待，人们的交往就会更加亲密，我们的社会也会更加和谐。

目录
CONTENTS

第一篇

谦虚礼让

周公制礼设典

周公（生卒年不详），姓姬，名旦，谥文，周文王第四子，周武王之弟，被称为叔旦。因采邑在周城（约今陕西凤翔区附近），称为周公，是周国的始祖。周公的后代封于鲁国，又被称为鲁周公。另称周文公、周旦等。武则天天授元年（690年）追封为"褒德王"，宋真宗大中祥符元年（1008年）追封为"文宪王"，后世多称其为"元圣"。

周礼，指的是表示等级制度的典章制度与礼仪规定。周礼的名目繁多，包括吉礼、嘉礼、凶礼、宾礼、军礼等。

周礼也是维护等级制度、防止"僭越"行为的国家工具。例如，周礼中就规定了贵族设宴列鼎的数量与鼎内的肉食种类：王九鼎（牛、羊、乳猪、干鱼、干肉、牲肚、猪肉、鲜鱼、鲜肉干）、诸侯七鼎（牛、羊、乳猪、干鱼、干肉、牲肚、猪肉）、卿大夫五鼎（羊、乳猪、干鱼、干肉、牲肚）、士三鼎（乳猪、干鱼、干肉）。

在周礼中，还有不少乐舞的规制。这种礼乐制度自从周公制定后，任何人都不能随便更改，周王则有权依照周礼来惩罚违礼的贵族或百姓。

为了加强国家统治，周王朝在刚刚建立时，统治者们便推行了"封诸侯，建同姓"的措施，将周王室中的贵族分封到各地，建立西周的属国。周武王死后，年幼的周成王继位，武王的弟弟姬旦（即周公）来辅佐成王。

周公德才兼备，而且忠心耿耿。在"分邦建国"的基础上，周公制定了礼乐制度，系统地建立起了一整套有关"礼""乐"的完善制度，主要包括"畿服"制、"爵谥"制、"法"制、"嫡长子继承"制和"乐"制等，其中，最重要的当属嫡长子继承制和贵贱等级制。

殷商时期，国君的帝位多数都是兄终弟及，传位不定。周公确立了嫡长子继承制，也就是以血缘关系为纽带，规定周天子的王位要由嫡长子来继承。同时，他还将其他的庶子分封为诸侯卿大夫。这些诸侯与天子的关系，就是地方与中央、小宗与大宗的关系。

同时，周公还制定了一系列严格的有关君臣、父子、兄弟、亲疏、尊卑、贵贱的礼仪制度，以此来调整中央与地方、王侯与臣民之间的关系，从而加强中央政权的统治。

周公制定的这一系列礼制，目的是维护等级制度，这些政治准则、道德规范及各项典章制度，后来也逐渐发展成为区分贵贱尊卑的等级教条。"礼"强调"别"，即所谓的"尊尊"；"乐"的作用是"和"，即所谓"亲亲"。周公认为，有别有和，才能巩固周王朝内部的团结。

自周公以后，历成王、康王、昭王、穆王、共王、懿王，除去孝王外，直到幽王，君位都是传子的，这种继承制的确立应归功于周公。嫡长子继承制确立后，在君主的众多子嗣之中，只有嫡长子有继承权，这就在法律上消除了支庶兄弟争夺王位的弊端，起到了稳定和巩固统治阶级秩序的作用。

周公的制礼作乐，一方面是在总结前人经验的基础上加以系统化，另一方面也是周人具体实践的总结。它既丰富了中国传统文化的内涵，也对我国历史文化的发展产生了深远的影响。

孔子尊周公

周公被尊为儒学的奠基人，也是孔子一生中最崇敬的古代圣人。在《论语》中，孔子曾说："甚矣吾衰也！久矣吾不复梦见周公。"

"文武周公"是孔子最为推崇的人物。周朝时期，文王奠基，武王定鼎，周公主政，也正是因为周公为周朝制定了礼乐等级制度，才最终使得儒家学派奉周公、孔子为宗。此后，历代文庙也都以周公为主祀，孔子等先贤作为陪祀。

但是到了唐朝开元时期，掌控欲极强的唐玄宗李隆基作为皇帝不能容忍周公在武王逝世、成王年幼时期主政，以及西周末期周厉王出奔后的"周召共和"，因而下令取消周公在文庙供奉的资格，改侍奉孔子为主。

九诵·周公

（宋）鲜于侁

噫嗟兮文公，岿然兮秘宇。
怅王室兮多难，独勤劳兮左右。

四国流言兮冲人不知，东片问罪兮惛惛不归。

大屯以风兮天威震惊，弁启金滕兮衮衣有光。

公之心兮大成文武，公之子兮建侯启土。

山川兮附庸，奄凫绎兮龟蒙。

万子孙兮承祀，亿兆人兮仰止。

惟夫子之叹嗟兮不复见子窭寠。

何莽新之假摄兮文奸言而欺一世，

造作诡故而戕刘兮亦巫殄宗而绝嗣。

公之圣而德协天兮何妄人之辄自俾其颠而不终兮天实表公衷
而警后。

肃进拜于庙堂兮奉时之牲酒。

鼓钟兮在宫，琴瑟兮在堂。

神之格兮乐享，民欣欣兮不忘。

老子力驳孔子师徒

老子（约公元前571—前471），姓李名耳，字伯阳，又称老聃。春秋时代思想家，楚国苦县厉乡曲仁里（今河南省鹿邑县太清宫镇）人。传说老子出生时就长有白色的眉毛及胡子，所以后来被称为老子。老子著有《道德经》，是道家学派的始祖，其学说后被庄周发展。道家后人将老子视为宗师，与儒家的孔子相比拟，史载孔子曾问学于老子。在道教中，老子是三清尊神之一太上老君的第十八个化身。

春秋末年，孔子在51岁时，早已蜚声华夏，受到各个诸侯国的钦敬。然而，他却还没有听说过"道"，于是便南下到沛县拜谒老子。

孔子见到老子以后，大谈仁义，老子心中不屑，说道："扬撒的米糠迷了眼睛，你就会东西南北分辨不清了；蚊子、牛虻叮咬皮肤，你就会整夜不能入睡了。仁义的毒害在于使人心昏乱，而任何祸乱都没有比这更大的了。您要使天下不丧失自然淳朴之质，您就得顺风而动，秉性执德地立身处事，又何必那么用力宣传仁义，像背着大鼓，敲打着，苦苦寻找丢失的孩子一样呢？天鹅不用天天沐浴而羽毛洁白，乌鸦不用日日染色而羽毛漆黑。天鹅的洁白，乌鸦的漆黑，都是天然生成的，用不着分辨谁美谁丑。因此，沽名钓誉不足以说明自己的伟大。泉水干涸了，鱼儿被困在陆地上，相互吐气沾湿，苟延残喘。与其这样，哪如在江湖中相互忘却而自由畅快呢？"

老子言毕，孔子默然。

孔子回去以后，又整整沉默了三天。弟子子贡心中奇怪，便问道："先生去见老聃，对老聃有什么规劝吗？"

孔子仍旧默然无语，许久，才长叹一声，感慨地说："我现在才在老聃那里见到了龙。龙，蜷合便形成庞大的躯体，舒展便形成灿烂耀目的光彩，腾云驾雾，吸取阴、阳二气，颐养自身。面对此景，我惊诧还来不及，又哪里能够规劝老聃呢？"

子贡心中清楚老师是在以龙喻老聃，而他向来气胜，心中颇不服气，问道："难道世上果真存在安坐如尸而神游如龙，沉默时似深渊般空寂，说话时又似雷鸣般震耳，发动他的各个器官，就像天地化生万物一样变幻莫测的人吗？我可以去见识见识吗？"

孔子默许了。

于是，子贡来到老子的住处。老子双目虚合，沉静地坐在堂上，轻轻地说："我已经老迈了，你对我有什么指教吗？"

子贡挺了挺胸脯，清了清喉咙，显出一副气宇昂扬的样子，说道："三皇五帝治理天下的方法不同，而他们的名声却同样崇高。可是只有先生您认为他们不是圣人，这是为什么呢？"

老子仍旧虚合双目，轻轻地说："小伙子再稍稍靠近些，我给你谈谈三皇五帝治理天下的事情。"

子贡向前踏了一步。

老子又继续说道："黄帝治理天下，使民心纯一。百姓中有父母死了而不哭泣的，别人也不非难他。尧治理天下，使百姓都敬爱自己的父母，而对别人的敬爱则按照亲疏的差别依次降等，别人对此也不非难。舜治理天下，使百姓心存竞争。孕妇十月生下孩子，让孩子五个月就能说话，还没等到会笑就已经让他分辨人与物了。为此竞争，大耗精力，于是人就开始有了夭折。禹治理天下使民心机智权变，百姓就日渐奸诈，使用武力也变得顺天应人，杀死盗贼并不算作杀人，结党营私也要标榜为'为天下'。于是天下受到震动，儒家、墨家也应运而起。开始的时候，他们还讲一些伦理，而现在却也像极力想取悦于人的女人一样了，还有什么可以称道的呢？我告诉你，三皇五帝治理天下，名义上说是治理，而实际上没有比他们对天下造成的祸乱更严重的了。三皇的智慧：在上，扰乱了日月的光明；在下，诋毁了山川的精灵；居中，破坏了四季的运行。他们的毒害甚于蝎子的尾巴，猛于凶残的虎豹，已经丧失了淳朴的天性，还自认为是一代圣主，难道不可耻吗？简直太可耻了！"

老子的话句句掷地有声，子贡又是羞惭，又是惊恐，便悄悄地溜走了。

□故事感悟

这就是礼以正身！旨在说明礼义是迫于人们的贪欲、奸诈、争夺、杀伐而产生的。而只有让人心返归质朴纯一的"无为"之治，才是圣王之治。

□史海撷英

"无为而治"的思想

"无为而治"的思想首先是由春秋时期的思想家老子提出的。

老子认为：天地之间的万事万物都是由道化生的，而且天地间万物的运动变化也都遵循道的规律。

　　道的规律是什么呢？老子说："人法地，地法天，天法道，道法自然。"（《道德经·二十五章》）也就是说，道的最根本规律是自然，即自然而然、本然。既然道是以自然为本的，那么对待世间的万事万物就都应顺其自然，无为而治，从而让事物按照其自身的必然规律自由发展，使其处于符合"道"的自然状态，人类不应对它横加干涉，不能人为地影响事物的自然进程。

■文苑拾萃

《道德经》三十八章

（春秋）老子

　　上德不德，是以有德；下德不失德，是以无德。

　　上德无为而无以为；下德无为而有以为。

　　上仁为之而无以为；上义为之而有以为。

　　上礼为之而莫之应，则攘臂而扔之。

　　故失道而后德，失德而后仁，失仁而后义，失义而后礼。

　　夫礼者，忠信之薄，而乱之首。

　　前识者，道之华，而愚之始。是以大丈夫处其厚，不居其薄；处其实，不居其华。故去彼取此。

孔子善待盲人

孔子（公元前551—前479），名丘，字仲尼。祖籍夏邑（今河南省夏邑县），鲁国陬邑（今山东省曲阜市南辛镇）人。春秋末期的思想家和教育家，儒家的创始人。孔子集华夏上古文化之大成，在世时已被誉为"天纵之圣""天之木铎"，是当时社会上最博学者之一。后世统治者尊之为孔圣人、至圣、至圣先师、万世师表。孔子与其所创立的儒家思想对中国和朝鲜半岛、日本、越南等地区都产生了深远的影响，这些地区又被称为儒家文化圈。

孔子平时非常注意自己的举止仪表。在待人接物方面，也都能够做到有礼有节，言行适度。比如，在与人们一起饮酒时，喝完酒后，孔子总是让年长的人先走，然后自己才走。吃饭的时候，他也不与别人交谈。临睡之前，他从不高谈阔论。

孔子喜好唱歌，但遇到别人办丧事时，他一天都不会唱歌；在亲属去世的人旁边吃饭，他不曾吃饱过；看见盲人、穿孝服的人，即使对方很年轻，他也一定会站起来，即便是在路上碰到盲人，穿孝服的人，他也赶快迎上前去施礼。

有一天，一位盲人乐师来拜见孔子，孔子急忙上前迎接。乐师走到台阶边上时，孔子告诉他："这是台阶"；当乐师走到席子旁边时，孔子告诉他："这是席子"；等乐师坐下以后，孔子又向他一一介绍屋子里的人，说："某某坐在这里，某某坐在那里。"

当孔子把乐师送走之后，学生子张便问孔子："先生这样做是不是太麻烦了？"孔子回答说："接待盲人就应该是这样的。"

有一次，马棚突然失火，孔子赶紧先问："有没有伤到人呀？"并不急着问是否伤到了马。孔子的一个学生因犯错被抓进监狱，孔子并没有嫌弃他，而是认为"他虽然进了监狱，但并不是他的罪过"，还把自己的女儿嫁给了他。

孔子喜欢结交朋友。对于朋友之情，孔子也特别珍惜。对那些与自己的行事风格不一致的人，他也不肯轻易与之断交。比如，他和原壤的交往就是这样。原壤是鲁国人，是孔子早年时的朋友，为人不拘礼节，狂妄自负，与孔子的行事风格很不同。可是，孔子与他却相处得很融洽，直到老年仍然保持着密切交往。

■故事感悟

孔子的理想是构建民风淳朴、尊礼尚贤的社会，为此，他一生孜孜不倦地追求。在自身修养方面，他更做到了仁义待人，以礼待人，给他人树立了良好的榜样。

■史海撷英

孔子从政

鲁定公九年（公元前501年），孔子被任命为中都宰。这一年，孔子已经

51 岁。

孔子在中都任职只有一年，但却颇有政绩，后来被升任为小司空，不久又升为大司寇，摄相事，鲁国大治。

鲁定公十二年（公元前498年），孔子为了削弱三桓（季孙氏、叔孙氏、孟孙氏三家世卿，因是鲁桓公三个儿子的后代，故称三桓），采取了"堕三都"的措施，也就是拆毁三桓所建城堡。后来，"堕三都"的措施没有实施成功，孔子与三桓的矛盾也便日益凸显。

鲁定公十三年（公元前497年），齐国向季孙氏送了80名美女，季孙氏接受了这些女乐，从此以后君臣便每日迷恋歌舞，不理朝政，这让孔子非常失望。不久，鲁国举行郊祭。在祭祀后，按照惯例要送一些祭肉给大夫们，但却没有送给孔子，这表明季氏不想再任用孔子了。

在不得已的情况下，孔子离开了鲁国，到别国去寻找出路，开始了周游列国的旅程。这一年，孔子56岁。

□文苑拾萃

《论语》

《论语》是一本以记录春秋时思想家、教育家孔子及其弟子以及再传弟子言行为主的书，是儒家重要的经典之一。由孔子门生及再传弟子集录整理，内容涉及政治、教育、文学、哲学以及立身处世的道理等多方面，是研究孔子及儒家思想尤其是原始儒家思想的主要资料。

南宋时期，朱熹将《大学》《论语》《孟子》《中庸》合称为"四书"，使之在儒家经典中的地位日益提高。今本《论语》是西汉末年张禹以《鲁论》为主，结合《齐论》所编而成，共20篇，约12000字。

子思劝卫侯以礼待人

子思（公元前483—前402），姓孔名伋，字子思。战国初期鲁国人，儒家的主要代表人物之一，有"述圣"之称，为孔子的孙子，孔鲤的儿子，孟子曾就学于其弟子。出仕于鲁穆公，传说四书之一的《中庸》就是子思所作，但此说难以证实。而他所著的《子思子》一书已经失传。

子思是孔子的孙子，曾子的学生。

有一次，子思到卫国去做客，看到在卫侯说话或处理事情时，不论对不对，群臣都异口同声地附和称赞。于是，子思对他的学生公丘懿子说："我看卫国可真算是'君不君，臣不臣'了。"

公丘懿子问："您为什么这样说呢？"

子思说："为人君者，如果不能谦虚礼貌，认为自己一贯都是正确的，那么大臣就是有再好的意见、再好的办法，他也不能听进去。即使事情办得对，也应该听听别人的意见，何况是让别人称赞自己做坏事、助长自己作恶呢！凡事如果自己不考虑是非，只是乐意让别人称赞自己，再没有什么人比这样的人更糊涂了；听别人的话如果不考虑有没有道理，只是随声附和，一味阿谀奉承，这样的人，再也没有比他更无耻的了。当国君的糊涂，当人臣的无耻，这怎么能领导百姓呢？我得找时间和卫侯谈谈。"

有一天，子思拜见了卫侯，就对卫侯说："您国家的风气应当改变，否则您的国家将要每况愈下了。"

卫侯惊讶地说："您说说，这是什么原因呢？"

子思说："您难道没有察觉到吗？您说出话来，自己认为是对的，您的卿大夫就没有敢矫正其中不对的地方的。您的卿大夫说出话来，也都认为自己是对的，而那些士人和百姓就没有敢矫正其中不对的。这样一来，当君的和当臣的人都自命为贤明之人，下边的群众也就都随声附和。赞扬、顺从的人，就会得到好处；矫正、不顺从的人，就会有祸患。这样一来，好事还能从哪里生出来呢？"

卫侯听完子思的话，站起来说："谢谢先生的教导，我今后一定谦虚谨慎，以礼待人，改变风气。"

■故事感悟

作为一位客人，子思一心关心卫国的命运，敢于指出国君不礼贤下士的错误。卫侯善于听从他人意见，知错能改，这样的精神也很可贵。

■史海撷英

子思荐才不拘细行

子思推荐苟变给卫侯，说："他的才能可以率领500辆兵车。"

卫侯说："我知道他可以当将领，但苟变在做小吏时，曾向百姓征赋，还私下吃了他们的两只鸡蛋，所以不能用！"

子思说:"聪明仁智的国君选拔人才,拿官职授人,好像工匠用木材,利用它好的地方,丢舍它的不足之处,所以像梓、杞两种围抱的优质木材,虽然有几尺的腐烂,但能干的巧匠也不会抛弃。现在,你迫切地需要选拔辅佐的武将,怎么能因为私自吃了两只鸡蛋就抛弃捍卫国家的良将呢?这话可万万不能让周围的国家听到呀!"

■ 文苑拾萃

《中庸》

《中庸》是儒家经典的《四书》之一。原为《礼记》的第三十一篇,约写成于战国末期至西汉之间,作者尚待定论,一说为子思所作,另一说为秦代或汉代的学者所作。

从字面上解释,"中庸"即"执中"的意思,而执中又当求"中和"。即在一个人没有表现出喜怒哀乐时,平静情绪为"中";表现出情绪之后,经过调整而符合常理的为"和",其主旨就在于修身养性。

《中庸》还强调"诚"的重要性。"诚"即《大学》中所述的"诚意"。"诚"被说成是人先天的本性,而所谓"不诚无物",至诚的人才能充分发挥出自己的本性与感化人群,进而成为人们的最高典范。

中庸之道是一种很难达到的完美境界。孔子曾说:"天下国家可均也,爵禄可辞也,白刃可蹈也,中庸不可能也。"

曾子守礼法弥留易箦

曾子（公元前505—前435），字子舆，春秋末期鲁国南武城（今山东省嘉祥县）人，儒家主要代表人物之一，孔子的弟子，世称曾子。相传他著述有《大学》《孝经》等儒家经典，后世儒家尊他为"宗圣"。同时，他也是《二十四孝》中"啮指痛心"的主角。

曾子又叫曾参，他受到孔子和父亲曾皙的长期熏陶，对孔子的学说不但理解深刻，而且身体力行，以道德高尚著称。"吾日三省吾身"，这句名言就出自曾子之口。后世流传着许多有关曾子的动人故事。

在曾子快去世时，还有这样一个故事。

当时，曾子的病已经很重了，大家都为他的健康而深感忧虑。这天，曾子的几个学生前来看望老师，大家都围坐在老师的身边，关切地望着老师，试图为他解除一些痛苦。

曾子脸色苍白，浑身无力，但却支撑着病弱的身躯，强打精神和弟子们打招呼。师生间本来有好多话要说，可眼下学生们见老师病情这样重，都不忍心让老师多说话，于是便请求老师好好休息。

曾子十分感激弟子们的礼貌和体贴，但他知道自己剩下的时间不多了，他要把自己的主张和知识尽可能多地传授给弟子，他每说完一句话，就累得气喘吁吁，满头大汗。

他的儿子曾元站在父亲身边侍候，见父亲这样痛苦，也劝他不要再说了。但曾子用微弱而颤抖的声音说道："我已经快不行了，现在不说恐怕以后就没有机会了，你们就让我说完吧！"

周围的人见到曾子憔悴的样子，也知道离大限之期不远了，所以都静静地听着，一时间屋里特别安静。

看到曾子由于说话而心力衰竭、痛苦不堪的样子，大家不禁暗中落泪。这时，小书童端着一盆水走了进来，他来为曾子擦汗。

他见曾子满脸是汗，非常心疼，也想趁机让曾子得到片刻的休息。他将水盆轻轻地放在曾子的床边，将手巾浸湿、拧干，轻轻地为曾子擦脸。刚擦完，曾子就示意他下去，似乎是觉得书童占用了他的时间。

书童明白了他的意思，急忙去端水盆，不小心将盆里的水溅到曾子身下的席子上，书童抱歉地说："小人真是该死，把这么好的席子给弄脏了。"急忙用手巾去擦席上的水。

人们听书童这么说，都不约而同地把目光投向那席子。一个人说："这席子既华美又光亮，大概是卿大夫用的！"

曾子听到这话，像是忽然想起什么似的说："是的，这张席子是季孙氏赏给我的，因为生病没能更换它。我用它是不合乎礼制的。元儿！快扶我起来把这张席子换下来。"

曾元忙说："您的病情这么重，不适宜挪动身体，还是等明天好些再说吧。"

曾子说："君子爱护别人是根据道德，小人爱护别人是使人取得暂时的安逸。我还有什么要求呢？只要是能够合乎礼制而死，那就行了。"

听了父亲的一番话，曾元无言以对，只好和周围的人一起将父亲抬起，生命垂危的曾子已经禁不起活动，一时间面色苍白，呼吸急促，吓得众人赶忙将他放下。

此时的曾子已不能说话了，从他那痛苦的表情和期望的目光中，不难领悟到他还是要换席子，人们只好重新将曾子抬起，放到了另一张席子上。还没等躺好，曾子就离开了人世。众人悲痛欲绝，他们永远失去了一位不忘礼仪，具有高尚品德的老师、父亲。

■故事感悟

曾子易箦这一故事，今人看来似乎有些迂腐。但是，如果我们到处都看到超标准享受、挥霍浪费而毫无自责的现象，就会理解曾子的所作所为了。

■史海撷英

曾子烹猪

有一天，曾子的夫人要去集市，他的儿子哭闹着也要跟着去。曾子的夫人对儿子说："你先在家待着，待会儿我回来杀猪给你吃。"

等夫人从集市上回来后，曾子就要捉猪去杀。夫人劝止说："我只不过是跟孩子开玩笑罢了，你怎么能真的去杀猪呢？"

曾子说："这可不能跟他开玩笑啊！小孩子是没有思考力和判断力的，什么都要向父母亲学习，听从父母亲给予的正确教导。现在你欺骗了他，这就是在教孩子骗人啊！母亲欺骗了儿子，儿子就不再相信自己的母亲了，这不是教育孩子的好方法。"

于是，曾子就真的把猪杀掉煮肉给孩子吃了。

《大学》

　　《大学》是儒家经典《四书》之一，原为《礼记》的第四十二篇，撰写于战国末期至西汉之间，作者尚未定论。一说为曾子所作，另一说是孔门弟子所作。

　　南宋以前，《大学》从未被单独刊印过。自唐代韩愈、李翱维护道统开始，才推崇《大学》与《中庸》。北宋时期，司马光编撰了《大学广义》，成为大学独立成书的开始。后来，程颢、程颐又编撰了《大学》原文章节，为《大学定本》。南宋时，朱熹还编撰了《大学章句》，并将其与《论语》《孟子》《中庸》合编为《四书》。

晏子以身释无礼

晏婴（公元前578—前500），字仲，谥平，平仲，又称晏子。齐国莱地夷维人（今山东莱州市平里店）。春秋后期政治家、思想家、外交家。

晏子是战国时期齐国的卿臣。齐景公平时最爱喝酒，而且一喝酒就忘乎所以，甚至喝得酩酊大醉，几天不醒。

有一次，晏子与大臣们一起陪齐景公喝酒。齐景公喝到兴头上时对大臣们说："寡人今天愿与各位爱卿开怀畅饮，请不必拘泥于礼节。"

晏子听了齐景公的话，感到很忧虑，就严肃地对齐景公说："君王这样说是不合适的。臣子们本来就不希望君王讲究礼法。本来力气大的人可以称为兄长，胆量大的人可以杀掉他的官长和国君，只是因为畏惧礼法才不敢这样做啊。禽兽就是靠力量来统治同类的，以强凌弱，以大欺小，所以它们天天换首领。要是没有了礼法，那人类与禽兽之间又有什么区别呢？如果臣下在君王面前都随心所欲，只凭力气和胆量行事，那君主也会天天换的，您怎么还能在这里立足呢？人之所以比其他动物高贵，就是因为人能用礼法来约束自己的行为啊！所以，君王不能不讲礼节。"

齐景公听了晏子的话,觉得很扫兴,就转过脸去不听,也不理会晏子。

过了一会儿,齐景公有事要出去,大臣们都起身相送,可是晏子却安坐在一旁丝毫不动。等齐景公回来后,晏子也不起身迎接。齐景公又招呼大家一齐举杯饮酒,晏子不但不推让,也不招呼大家,自己很失礼地就把酒喝了。

齐景公见晏子这样没有礼数,非常生气,瞪着晏子说:"你刚才还跟我讲礼法是如何重要,而你现在却一点儿都不讲礼法!"

晏子连忙离开席位,叩头谢罪,说:"臣不敢无礼,请大王息怒。臣其实是想把不讲礼节的实际状况做给大王看而已。大王如果不要礼节,那么大臣就都会是臣现在这个样子。"

"啊,原来是这样啊!"齐景公忙说,"那就是寡人的过错了。请先生快快入席,我愿意听从您的教诲。"

酒过三巡后,齐景公便命令撤去宴席。从那以后,齐景公开始注意整饬法令,修订礼仪,全国上下井然有序,这不能不说是晏子劝谏的功劳。

□故事感悟

维系人际关系,特别是上下级关系,除了制度外,还需要礼节。离开了礼节,人际关系有可能会变得混乱紧张。

□史海撷英

晏子倡"仁"

"仁",一直都是儒家所倡导的"仁政爱民"的主要学说,也是晏子施政的主要内容。

晏子在任期间，十分注意推崇管仲的"欲修改以平时于天下"必须"始于爱民"的思想。他坚持认为，"意莫高于爱民，行莫厚于乐民"。百姓遇有灾荒时，国家不发放赈粮救灾，他就将自家的粮食拿出来分给灾民，然后再劝谏君主赈灾，因而深得百姓爱戴。

　　在对外方面，晏子主张与邻国之间和平相处，不主动挑起战争。齐景公想讨伐鲁国，晏子就劝谏齐景公"请礼鲁以息吾怨，遗其执，以明吾德"，最后齐景公取消了对鲁国的讨伐。

■文苑拾萃

三士墓

（清）崔象珏

勇士虽优兼智短，名心太重视身轻。
仪延并用终为乱，诸葛何须笑晏婴！

刘邦纳谏定礼制

> 叔孙通（生卒年不详），又名叔孙何。西汉初年的儒家学者，曾协助汉高祖刘邦制定了汉朝的宫廷礼仪，先后出任太常及太子太傅。

汉高祖刘邦统一天下后，由于长年的战乱，周朝时期所制定的礼制已经不再适用。而刘邦本人读书又少，文化程度低，他之所以能够取得天下，是因为他懂得用人之道，在张良、萧何、韩信等文臣武将的辅佐下，才最终打败了项羽，取得了天下。

刘邦做了皇帝后，仍然平易近人，经常与那些曾经与自己一起打天下的人称兄道弟，没有规矩。有一次，刘邦与众位大臣一起喝酒，刘邦觉得身体不适，就称自己不能再喝了，可是那些人居然一起来灌刘邦喝酒，灌得刘邦简直是狼狈不堪。

几天后，有一位名为叔孙通的博士向刘邦上了一道奏章，建议朝廷应该尽快制定并实施礼制，君臣之间一定要有礼仪之规，否则就会君将不君、臣将不臣，国家也将无法很好地进行治理。

刘邦觉得叔孙通的建议很不错，就采纳了叔孙通的建议，并令叔孙通负责制定一套严格的朝廷礼制，于是就有了后来的皇帝高居金銮宝殿，身后站立护卫，而文武大臣按次序站立两边，汇报工作时要出列跪拜，议事完毕后众大臣要行三跪九叩礼等一系列的君臣礼制。

■故事感悟

我们暂且不说这些礼制是否合理，但若没有礼制，恐怕不成体统，国家也无法治理。皇帝如果没有威信，号令如何能够在全国执行呢？如此说来，礼制从某种意义上说是政府正常运行的保证。决定一个国家机器能否有序运行的因素，除了法制之外，还需要道德礼制。如果缺乏道德礼制，那么国家也难以正常有效地运行。

■史海撷英

叔孙通事秦

叔孙通年轻时，因为很有才华，被秦朝朝廷征召。

后来，陈胜、吴广爆发起义，消息传到咸阳后，秦二世便征集所有的儒生来商讨对策。除了叔孙通外，其余人均据实回禀。于是，秦二世就处罚了其他儒生，而正式委任叔孙通为博士。叔孙通在回答秦二世的询问时，曲意逢迎，引起了同僚的不满，但叔孙通表示，自己这样做只是为了保全性命。

后来，叔孙通逃亡到家乡薛县，这时薛县已经被起义军占领了，叔孙通先后跟随起义军领袖项梁、熊心及项羽。

公元前205年，刘邦率军攻入彭城，叔孙通投降了刘邦。后来项羽回来又打败刘邦，叔孙通又跟随刘邦回到了关中。刘邦称帝后，也委任叔孙通为博士，并赐封号"稷嗣君"。

叔孙通

（宋）王安石

先生秦博士，秦礼颇能熟。
量主欲有为，两生皆不欲。
草具一王仪，群豪果知肃。
黄金既遍赐，短衣衣已续。
儒术自此凋，何为反初服。

张说不当"大"学士

张说（667—730），字道济，一字说之，唐代著名文学家、诗人、政治家，唐玄宗时期的宰相。原籍范阳（今河北涿州市），世居河东（今山西永济），后徙洛阳，封燕国公。擅长文学，当时朝廷重要辞章多出其手，尤长于碑文墓志，与许国公苏颋齐名，并称"燕许大手笔"。

　　唐开元期间的宰相张说文笔俊丽，构思精巧，朝廷的大手笔均出自他手。玄宗打算加授张说"大学士"官衔，但张说推辞说："学士本无'大'的称呼，只是中宗为了加重对臣子的宠爱才加上的，我不敢接受这个叫法。"

　　由于张说坚持拒绝，玄宗只得作罢。

　　开元十三年（725年），玄宗下令改"丽正书院"为"集贤院"，任命张说兼集贤院学士、院长。

　　后来集贤院宴饮庆贺，按惯例，官高位重的先饮酒。张说不肯先饮，他对学士们说："我听说读书人中只以学问比高低，不以官职地位论先后。太宗时人编修国史，每次宴饮时，身为元老、国舅的长孙无忌从来不肯先举杯。武后长安年间，我曾参与编撰《珠英》，当时学士们也不以官职高低限定饮酒先后啊。"

于是，张说提议大家举杯共同饮酒，当时人们都敬佩他能以礼待人。

■故事感悟

张说虽居高位，但从不居功自傲，处处做到谦逊谨慎，以礼待人，表现了一位谦谦君子的作风，自然能受到无数人的尊重。

■史海撷英

张说审案

唐景云元年（710年），唐睿宗即位，张说迁任中书侍郎，兼雍州长史。

这一年的秋天，谯王李重福潜入武则天的东都，想要夺取皇位，结果兵败。阴谋败落后，东都捕获了李重福的党羽数百余人，并严刑拷打审讯多月，却一直不能定案。这时，唐睿宗便命张说前去审理。

张说到任后，很快便查清了这一案件，一夜之间便捕获了谯王的主谋张灵均、郑愔等人，弄清了其全部的罪状，其余误捕下狱的人，也一律被宣布无罪释放。

张说干练的办事作风深受唐睿宗的赞许，唐睿宗称赞张说："知卿按此狱，不枉良善，又不漏罪人。非卿忠正，岂能如此？"

过庾信宅

（唐）张说

兰成追宋玉，旧宅偶词人。
笔涌江山气，文骄云雨神。
包胥非救楚，随会反留秦。
独有东阳守，来嗟古树春。

寇恂大义为国不争

> 寇恂（？—36），字子翼，东汉上谷县昌平（今北京）人。"云台二十八将"之一。
>
> 贾复（9—55年），字君文。东汉时期著名军事家，南阳冠军人。他协助汉光武帝建立了东汉，为"云台二十八将"之一，曾先后担任执金吾与左将军等职。晚年退居私第，仍参议国家大事。

寇恂是东汉的名将。他为人正直无私，同僚贾复的部下在其管辖的颍川犯法，他执法如山，将其处以死刑，从此和贾复结下了冤仇。然而寇恂始终以国家大局为重，对贾复的挑衅一忍再忍，最终感化了贾复，自己也得到了世人的称赞。

寇恂出身于豪强家族。他成年后出任上谷郡功曹，因为才能卓著深受太守耿况的器重。王莽末年，天下大乱，寇恂认定刘秀是统一四方的明主，就劝耿况投奔了势力并不强大的刘秀。

这一雪中送炭的行为让刘秀非常感动，他当即任命寇恂为偏将军，封承义侯。不久，刘秀在寇恂等人的帮助下攻取了河内郡。刘秀任命文武双全的寇恂为河内太守，为自己经营一个稳固的后方。

不久，刘秀率军北上攻击并州。寇恂精心治理地方，他让河内各县讲习武艺，练习骑射，陆续为前方制造了百万余支箭矢，提供了战马2000余匹，补充军粮400万斛，有力地支持了刘秀的北伐大业。

建武二年（26年），刘秀任命寇恂为颍川（今河南禹县）太守。寇恂在当地严明律法，惩治不法之徒，赢得了当地百姓的称赞。

可就在这个时候，刘秀部下的猛将贾复率禁军经过颍川，贾复的部将在当地擅自杀人，被寇恂抓获。

贾复知道后并不在意，他觉得寇恂不会为了这样的"小事"得罪自己，迟早会将部将放回来。可寇恂不但没有放人，反而在大庭广众之下将其明正典刑，贾复把这件事当成了奇耻大辱。但因为公务紧急，他含恨离开了颍川。

不久，贾复率部队再次经过颍川，他念念不忘寇恂对自己的"冒犯"，就对部下说："我和寇恂同为国家大将，现在他为了一点儿小事故意伤害我的面子。大丈夫有仇必报，一会儿见到寇恂，一定要将其斩于马下，才能消除我心中的愤怒！"

寇恂预料到贾复对自己怀恨在心，就不想和他见面。寇恂的外甥谷崇觉得自己舅舅的胆子太小，就对寇恂说："您不用担心贾复，我携带宝剑跟随在您左右，贾复如有异动我就解决了他。"

寇恂知道外甥误会了自己的意思，就笑着解释说："我不是害怕贾复，而是不忍心因为私人间的芥蒂耽误了国家大事。当年赵国大夫蔺相如不害怕强横的秦王却甘愿忍让老将廉颇，就是出于相忍为国的考虑。"

寇恂命令颍川下属各县准备羊羔美酒，对贾复和他所部的将士厚加款待，还亲自出城迎接贾复。

两人刚一见面，还没等贾复发难，寇恂就称病告退。贾复想立刻发兵攻打寇恂，可他部下的将士早就又累又饿，也不等他下命令就开始大吃大喝。

等他们吃饱喝足后，贾复又想找寇恂算账，可他的部下喝了不少酒，一个个已经是东倒西歪，连马都上不去了。无奈之下，他只好率兵返回了洛阳。

刘秀听说了这件事，就将寇恂召回洛阳，准备表彰这位礼让为国的大将。当时贾复也在座，他听说寇恂要来，就想起身离开，被刘秀按在了座位上。等寇恂到来后，刘秀分别抓住他和贾复的手，对两人说："现在天下未定，你们这两只老虎就私下相斗，这不是自乱阵脚吗？现在我亲自帮你们化解这段过节吧。"

两人听了刘秀的话非常感动，贾复向寇恂道歉，两人从此成为至交好友。

■故事感悟

寇恂颇有先贤蔺相如之风，他知道二人相争，必损国事，所以努力避免与贾复的冲突，处处以礼貌、忍让为先。他的美德感化了贾复，也为后世留下了一段美谈。

■史海撷英

贾复勇猛

贾复年轻时就聪颖好学，很有才华。绿林军起义后，贾复聚众数百人响应，自称将军。后来刘秀到了信都（今河北冀县）后，很欣赏贾复的才华，便擢升贾复为偏将军。

贾复对刘秀的知遇之恩很感激，因此在后来的历次战役中都发挥了重要的作用。在随刘秀攻克邯郸消灭王郎的战役中，贾复以战功卓著被升任为都护将军。不久，贾复又随刘秀在河内郡射犬地区（今河南武陟县西北）镇压河北起义军。

在战斗中，贾复手执旌旗，一马当先，率领所部冲锋陷阵，"诸将咸服其勇"。后来，贾复又率领军队北上，与五校农民军大战于真定（今河北石家市东北），也是身先上卒，奋不顾身，以致身负重伤。

刘秀闻知贾复受伤，深表关怀，说："我之所以不让贾复去其他地方打仗，就是因为他经常轻敌，乃至每次都赤膊上阵。现在果然是这样啊，难道上天是要我失去一位名将吗？我听说他的夫人已经有了身孕，如果生的是女儿，我的儿子会娶她为妻；如果生的是男孩，我的女儿就会嫁给他的儿子为妇，一定不让他放不下家中的妻子。"

后来贾复伤愈后，刘秀对他更加亲近。

■文苑拾萃

贾 复

（宋）徐钧

骁勇称奇赐左骖，溃围解急敌心寒。
卒能剽甲敦儒学，可作寻常武将看。

杨玢礼让旧宅地

杨玢（生卒年不详），字靖夫。乾德年中为太常少卿。后归唐，授予工部尚书。

这一天，正在房中读《庄子》的杨玢，读到了庄周到梁国看望老朋友惠施的故事。

庄子与惠施非常要好。惠施在梁国做了宰相，官有了，钱也有了，过得十分得意。

庄子到梁国去看望惠施，有的人对惠施说："庄子到这里来，是想夺你的宰相位置啊！"惠施听了这话，心中十分不安。

惠施心想："庄子虽是我的朋友，但学问与名气都比我大。不能让他得逞！"

惠施为了保住自己的相位，下令在国中搜查庄子，抓住他。

搜了三天三夜，但没有搜到。

惠施正在着急的时候，侍卫来报告："禀报相爷，门外有个叫庄周的求见。"

惠施说："让他进来！"

庄子走进来，施礼后说："南方有一种鸟叫鹓鶵，从南海出发，飞向北海。累了，不是高高的梧桐树，它是不落的；饿了，不是干干净净的竹米，它是不吃的；渴了，不是香甜的甘泉，它是不喝的。路上，有一只猫头鹰正巧找到一只腐烂的死耗子，看见鹓鶵飞过来，抬起头盯着它叫道：'喂，不许抢我的死耗子！'今天，难道你也要拿你那宰相的位置来这样对我吗？"

惠施听后，终于明白了：庄子并不是来与他争夺相位。

庄子不仅不想与惠施争夺相位，他根本就无意做官。

杨玢读到这里，忍不住随口背诵庄子的两句名言："吾生也有涯，而知也无涯。"

这句话的意思是：人的生命是有限的，世界的知识却是无限的。

杨玢曾官任尚书，此时已经退休居家。他的住宅宽敞、舒适，家族也人丁兴旺，无忧无虑地安度着晚年。

一天，他的几个侄子跑进来，大声说："不好了，我们的旧宅地让邻居侵占了一大半。我们不能饶他！"

杨玢皱皱眉头，问："不要急，慢慢说。他们家侵占了我们家的旧宅地？"

"是的。"侄子们回答。

杨玢问："他们家的宅子大？还是我们家宅子大？"

侄子们不知杨玢问此是何意，答："当然是我们家宅子大。"

杨玢又问："他们占些旧宅地，于我们有何影响？"

侄子们想了想说："没有什么大影响。虽无影响，但他们不讲理，就不应放过他们！"

杨玢指着窗外的落叶问侄子们："那树叶长在树上时，那枝条是属于它的。秋天了，树叶枯黄了，落在地上。这时，树叶怎么想？"

他的侄子们听不明白他的话的含义。

杨玢说:"我这么大年岁了,终有一天要死的。你们也有老的一天,也有一天要死的。你死了,那争的一点点宅地对你有什么用?"

侄子们明白了杨玢讲的道理,说:"我们原本要告他们的,状子都写好了。"

杨玢说:"拿来我看看!"

侄子们呈上状子,杨玢读了一遍,摇了摇头,然后拿过笔,在状子上写了四句话:

> 四邻侵我我从伊,毕竟须思未有时。
>
> 试上含光殿基望,秋风衰草正离离。

写罢,杨玢又将状子递回给侄子们,说:"我的意思是,在私利上要看透一些,不必斤斤计较!"

侄子们听了不再说话。

■故事感悟

杨玢能以宽广的胸怀,不计较邻居侵占旧宅,转眼看当今物欲横流的社会,是否能保持杨玢那份博大的胸怀?实在是值得我们深思。

■史海撷英

李存勖建立后唐

李存勖是李克用的长子,自幼喜欢骑马射箭,而且胆力过人,深得李克用的宠爱。李克用临死之前,将三支箭交给了李存勖,嘱咐他一定要完成三件大事：一是讨伐刘仁恭（刘守光），攻克幽州（今北京一带）；二是征讨契丹，解除北方边境的隐患；三是要消灭世敌朱全忠。

李克用死后，李存勖将父亲交给自己的这三支箭供奉在家庙里，每次出征前都会派人取来，然后放在一个精制的丝套里，带着这三支箭上阵。打了胜仗回来后，再将三支箭送回家庙，以表示完成了任务。

911年，李存勖在高邑（河北高邑县）打败了朱全忠所率领的50万大军。随后，李存勖又攻破燕地，活捉了刘仁恭。九年后，他又大破契丹，将耶律阿保机赶回北方。

经过十多年的交战，李存勖基本上完成了父亲的遗命，于923年攻灭后梁，统一北方。是年4月，李存勖在魏州（河北大名县西）称帝，国号为唐，不久后又迁都洛阳，年号"同光"，史称后唐。

■文苑拾萃

批子弟理旧居状

（唐）杨玢

四邻侵我我从伊，毕竟须思未有时。
试上含元殿基望，秋风秋草正离离。

孔融让梨与争罚

> 孔融（153—208），字文举。东汉末年文学家，鲁国曲阜人，"建安七子"之一，孔子二十代孙，孔宙之子。由于曾任北海相，亦称孔北海。后因得罪相国曹操，遭其处决，全家被处斩。

孔融是山东曲阜人，孔子的第二十世孙。他一生中写过许多诗和散文，是东汉末年著名的文学家。

孔融自幼对父母恭敬孝顺，对兄弟谦让友爱，对朋友热情诚恳，但对奸邪人等却嫉恶如仇。因此，周围的人都很敬重他。

孔融的这些美德，是从小在父母的言传身教下培养起来的。

孔融的兄弟众多，父母从小就教育兄弟几人要谦让待人，尊敬长者，明辨是非，注重仁义。所以，孔融一家虽然孩子多，却一直都相处和睦，邻居们也从没听到过他们吵嘴打架的声音。

孔融4岁的时候，有一天，父亲的一个学生来看望老师和师母，带来了一些梨给孔融兄弟几个。孔融拣了一个最小的，客人感到奇怪，就问他："小公子，你为什么要拣最小的梨吃呢？"孔融笑着回答说："我年纪最小，当然应该吃小的嘛！"

客人听了孔融的话，直夸他谦虚懂事，家教好。

孔融生活的时期是东汉末年，当时朝廷内部正是宦官专权的时期，他们迫害异己，残害百姓，导致天怒人怨。

孔融16岁时，朝廷中有个名叫张俭的官员冒犯了宦官侯览，侯览便下令逮捕张俭。张俭没地方躲藏，想与孔融的哥哥孔褒有些交情，就逃到了孔融家中。

这一天恰巧孔褒不在家，张俭见孔融年纪小，不想把真情告诉孔融。可是自己又无路可投，因而坐立不安。

孔融见张俭神色慌张，便猜出一定是发生了危急的事，就十分诚恳地对张俭说："您有什么事可以跟我说，与跟我哥哥说是一样的。"

张俭见孔融虽然年纪尚小，却谈吐不凡，就把事情的原委都告诉了他。孔融马上让张俭藏到自己家中。

后来，这件事被侯览查了出来，侯览命令地方官到孔融家中搜捕张俭，孔融与哥哥孔褒又悄悄将张俭送了出去。侯览的人没有抓住张俭，怕不好交差，就将孔融兄弟带走了。

地方官在审问孔融兄弟时，问是谁窝藏和放走了"罪犯"，孔融抢着回答说："张俭是我自作主张藏在家中的，也是我放走的，这件事完全与我哥哥无关。如果有罪，也应当由我一个人承当。"

哥哥孔褒也急忙说："不，不是这么回事。张俭是我的朋友，他是来投奔我的，与我弟弟无关！"

孔融的母亲获悉这件事后，立即赶到官府，说："我是一家之长，家里不论发生什么事情，都应该由我来承担，跟我的儿子们无关。"

地方官见孔融一家母子三人都争着受刑，不能判定到底谁是私藏和放走张俭的主谋，只好把这件事上报给侯览。其实，地方官心中也暗暗钦佩有这样的好母亲培养出了这样的好儿子。后来，侯览下令杀了孔褒抵罪。

孔融小时候不仅谦让有礼，危难时刻还挺身而出争着受刑。一让一争，足以证明孔融的行事风格是多么高尚。

□故事感悟

在社会上，某些人一见利益就沾，一见荣誉就争，一见责任和错误就互相推诿。这些人只知道钟爱自己，不懂得心中应该有他人。在构建和谐社会的今天，礼貌的传统不可丢，而礼貌中谦逊礼让的精神更值得我们发扬光大。在社会主义和谐的氛围中，我们都应该像孔融那样，谦虚礼让地去对待所有的人。

□史海撷英

孔融荐举贤良

孔融年轻的时候，颇有知人之贤。他待人宽容友善，如果有人当面指出他的缺点，他也不生气，还会在背后称道这个人的优点；如果了解别人的才能而未加荐举，他就会认为这是自己的过失。正因为如此，孔融在做官期间，"荐达贤士，多所奖进"。

在北海时，孔融先后荐举了彭璆、王修、邴原等人，又上表奏请朝廷为当时的著名大儒郑玄在故里高密特立"郑公乡"。

孔融在担任太中大夫时，家中每天都是宾客满门，他不无感慨地说："家中常常能有客人，杯中的酒能够时刻不空，我便没有任何可担忧的了。"

临终诗

（东汉）孔融

言多令事败，器漏苦不密。

河溃蚁孔端，山坏由猿穴。

涓涓江汉流，天窗通冥室。

谗邪害公正，浮云翳白日。

靡辞无忠诚，华繁竟不实。

人有两三心，安能合为一。

三人成市虎，浸渍解胶漆。

生存多所虑，长寝万事毕。

第二篇

尊师敬长

曾子"避席"求教孔子

曾子（公元前505—前435），字子舆，春秋末期鲁国南武城（今山东省嘉祥县）人，儒家主要代表人物之一，孔子的弟子，世称曾子。相传他著述有《大学》《孝经》等儒家经典，后世儒家尊他为"宗圣"。同时，他也是《二十四孝》中"啮指痛心"的主角。

"曾子避席"的故事出自《孝经》，是一个非常著名的故事。

曾子是孔子的弟子。有一次，曾子在孔子身边侍坐，孔子问他："以前的圣贤之王有至高无上的德行、精要奥妙的理论，用来教导天下之人，人们就能和睦相处，君王和臣下之间也没有不满，你知道它们是什么吗？"

曾子听了，明白老师孔子现在是要指点他最深刻的道理了，因此马上从坐着的席子上站起来，走到席子外面，恭恭敬敬地回答孔子道："我不够聪明，哪里能知道？还请老师把这些道理教给我吧。"

■故事感悟

"避席"是一种非常礼貌的行为。当曾子听到老师要向他传授时，立刻站起身来，走到席子外向老师请教，表示他对老师的尊重。曾子懂礼貌的故事被后人传颂，并且成为后人学习的榜样。

□史海撷英

曾子衣敝衣以耕

有一次，曾子穿着很破旧的衣服耕田，鲁国的国君看到了，就派使者送给曾子一大片土地，并对他说："先生用封地内的财富来买一些好衣服吧。"

然而，曾子却坚决不肯接受。使者回去后，不久又送来了，曾子还是不接受。使者说："这又不是先生你向人要求的，是别人送给你的，你为什么不愿意接受呢？"

曾子说："我听说，接受别人馈赠的人就会害怕得罪馈赠者；给了人家东西的人，就会对受东西的人显露骄色。现在，国君赏赐给我土地，却不对我显露一点儿骄色，我怎么能不因此而害怕得罪他呢？"

最终，曾子也没有接受这块土地。孔子知道这件事后，就说："曾参的话，是足以保全他的节操的。"

□文苑拾萃

寄曾子固

（宋）王安石

吾少莫与何，爱我君为最。君名高山岳，竭乐嵩与泰。
低心收藜友，似不让尘境。又如沧江水，不逆沟畎浍。
君身揭日月，遇轹破氛霭。我材特穷空，无用补仓廥。
谓宜从君久，垢污得洮汰。人生不可必，所愿每颠沛。

乖离五年余，牢落千里外。投身落俗阱，薄宦自钳釱。
平居每自守，高论从谁丐。摇摇西南心，梦想与君会。
思君挟谦璞，愿焦无良侩。穷闾抱幽忧，凶祸费禳禬。
州穷吉士少，谁可婿诸妹。仍闻病连月，医药谁可赖。
家贫奉养狭，谁与通货贝。诗入刺曹公，贤者荷戈役。
奈何遭平时，德泽盛汪濊。鸾凤鸣且下，万羽来翩翩。
呦呦林间鹿，争出噬苹藾。乃令高世士，动辄遭狼狈。
人事既难了，天理尤茫昧。圣贤多如此，自古云无奈。
周人贵妇女，扁鹊名医滞。今世无常势，趋舍唯利害。
而君信斯道，不闷身穷泰。弃捐人间乐，濯耳受天籁。
谅知安肥甘，未肯顾糠糩。龙蠖虽蟠屈，不慕蛇蝉蜕。
令人重感奋，意勇忘身蕞。何由日亲炙，病体同砭艾。
功名未云合，岁月尤须愒。怀思切蒯效，中夜泪霶霈。
君尝许过我，早晚治车辖。山溪虽峻恶，高眺发蒙眛。
峰峦碧参差，木树青晻蔼。桐江路尤骇，飞桨下鸣濑。
鱼村指暮火，酒舍瞻晨斾。清醪足消忧，玉鲫行可脍。
行行愿无留，日夕伫倾盖。会将见颜色，不复谋蓍蔡。
延陵古君子，议乐耻言郐。细事岂足论，故欲论其大。
披披发鞬橐，檩檩见戈锐。探深犯严壁，破惑翻强磕。
离行步荃兰，偶坐阴松桧。宵床连衾帱，昼食共粗粝。
兹欢何时合，清瘦见衣带。作诗寄微诚，诚语无彩绘。

云敞忠义葬恩师

> 云敞（生卒年不详），字幼儒。西汉时期的大臣。平陵（今陕西咸阳秦都区）人。年轻时曾拜同县人、博士吴章为师，习读《尚书》。汉平帝即位初，王莽执政，吴章因参与反对王莽事件被杀，弃尸长安东市门。云敞自报为吴章门徒，殓葬吴章尸首。车骑将军王舜赏识其志节，荐其为中郎谏议大夫。王莽称帝后，王舜为太师，欲荐云敞任要职，因病未遂，后被擢为鲁郡大尹。后因病免官，卒于家。

云敞年轻时，跟随一代名儒吴章学习儒学，他对老师吴章十分尊敬。

西汉末年，王莽专政，横征暴敛，刑罚严苛，给百姓摊派了更加繁重的赋税和徭役。此外，他还毒死了汉平帝，夺取皇位，滥加封赏，又不断挑起对匈奴地区以及东北西南各族的战争，老百姓对他的暴戾行为越来越不满。

王莽篡政后，便逼令汉帝的母亲及皇后留住中山，不能到京师来见皇上。对王莽的这种行为，其长子王宇深感不平。王宇想到了孔子所说的"为仁由己，而由人乎哉"，决定挺身而出，仗义执言。于是，他就去向自己的老师吴章求教，商讨应该怎样才能遏止王莽的这些恶行。

吴章觉得，王莽虽然罪大恶极，但他大权在握，无法听得进任何人的规劝。王莽做事狠戾凶残，不循从道德良心，而且又喜欢装神弄鬼，对鬼神灵异的那些神神怪怪的说法深信不疑，不如顺水推舟，搞一些鬼怪的神异事件来吓唬吓唬他。再套用那些歪理邪说，说明他已经众叛亲离，天怒人怨，连上天都将要降下大祸于他，从而逼他退位，永绝后患。

王宇觉得这个办法可行，于是，他就命吕宽提了一桶血，在半夜三更将鲜血泼到王莽家的大门上，仿佛是鬼神留下的诰谕一样，希望他能够迷途知返，不要再滥杀无辜、为非作歹了。

然而，吕宽在做这件事时却被守夜的门卫知道了，事情很快败露。王莽大怒，不仅亲手杀掉了自己的儿子，甚至对怀有身孕的儿媳也痛下毒手。这还不肯罢休，王莽又诛杀了皇后的娘家卫氏家族的族人，并借机铲除异己。

在这次事变中，被无辜杀害的人达一百多个。

吴章身为儒林的领袖，用自己的生命写下了最为重要的一笔。面对王莽的威逼利诱，他威武不屈，坦然就义，最终被王莽下令施以酷刑。暴戾残忍的王莽令人将吴章的肢体一节一节地割下来，最后腰斩于东市门外。读书人敢为天下先的志节，正是吴章对奉持一生的儒家之道所做出的悲壮的注解。

追随吴章的弟子达一千余人，王莽认为，这些人全都是同党同伙，因此要把他们全部关押起来，当然更不允许其中有任何人留在朝中做官。吴章的不少学生为了躲避灾难，也为了能保住自己的仕途，都开始在朝野中公然宣称自己不是吴章的学生，早已师从其他人，不在吴章的门下学习了，以此来撇清自己与吴章的关系。

当时，云敞官居大司徒掾，老师的惨死令他悲伤欲绝。每每想起老师的谆谆教诲，以及老师那正气的举手投足、一言一动，他都痛哭流涕。

云敞决心挺身而出，为自己最敬爱的老师谨守为人学生的一点儿微不足道的情义。当时，朝野上下正是风雨飘摇、局势动荡的局势，云敞一路哭号，跪拜着来到老师体无完肤的尸首跟前，肝肠欲碎。

云敞大声呼号自己就是吴章的学生，然后将老师的尸首一块一块小心翼翼地收起来包好，护在自己的怀中，泣不成声、举不成步地哭号着回去了。

云敞不畏惧权势，让所有人都知道自己就是吴章的学生，不畏惧此举会给自己带来杀身之祸，只知道老师坚守仁义直到尽处，而自己终生实践的也正是老师最深切的教诲。

云敞回到家中后，又公然按照师礼将吴章的尸首敛棺而葬。他悲切的哀号之声倾动了朝野，也使整个京师的人都为之瞩目。

后来，车骑将军王舜被云敞的义行所感动，称赞云敞有情有义，并推荐他为中郎谏大夫。然而，每次云敞都以生病为由，最终避隐在家，终老余生。

□故事感悟

千百年来，云敞成为学生承事老师、忠义绝伦的典型模范。曾经有一首古老的谣谚这样写道："沧浪之水清兮，可以濯我缨；沧浪之水浊兮，可以濯我足。"意思是说，政治清明的时候，读书人可以振缨而仕；到了乱世之世，则可以抗足而去。而云敞这种尊师的大礼，值得我们现在学习和提倡。

王莽称帝时的政策

王莽篡位后，共做了15年的皇帝。在帝位上，王莽也想要有所作为，因此动引经义，开始仿照周朝的制度推行新政。

王莽屡次改变币制，更改官制、官名，以王田制为名恢复井田制，将盐、铁、酒、币制及山林川泽收归国有，不断恢复西周时期的周礼模式。然而，由于政策多迂通不合实情处，百姓未能从中受益，反而多受其害，因此天下贵族和平民都颇为不满。

此外，王莽所采取的外交政策也极为不当。他将原本臣服于汉朝的匈奴、高句丽、西域诸国和西南夷等属国的统治者都由原本的"王"降格为"侯"；又收回并损毁了匈奴单于的印玺，改授予新匈奴单于之章；甚至将匈奴单于都改为降奴服于，高句丽改名下句丽。王莽的行为，导致各国拒绝臣服新朝，令边境战争不绝。

天凤四年（17年），各地农民纷纷起义，并形成了赤眉和绿林两次大规模的反抗。地皇四年（23年），绿林军攻入长安，王莽在混乱之中被商人杜吴所杀，校尉公宾斩其首，悬于宛市之中。王莽新朝至此灭亡。

程门立雪虔诚求教

杨时（1053—1135），字中立，号龟山，祖籍弘农华阴（今陕西华阴东），南剑西镛州龙池团（今福建三明）人，南宋洛学大家，世称"龟山先生"，以道学闻名，时称"南有杨中立，北有吕舜徒"。

北宋时期的程颢、程颐两兄弟是当时颇负盛名的大哲学家。当时，兄弟二人所创立的理学是令所有读书人都痴迷的学问。他们的学生杨时和游酢为了探讨理学的一个问题，竟然从清晨一直争论到午时。由于没有结果，二人都闷闷不乐，心情也无法平静，只好去求教老师程颐。

由于求答案心切，两人谁也没想到进餐，甚至没有想到此时正是炊烟四起的时候，老师也要吃午饭。

当时，学生杨时已经是40岁的中年人了。他从小十分好学，经过十年的寒窗苦读，最终中了进士做了官。然而，他又悔恨做官后不能研修学问，竟辞官来拜程颢为师，求教理学。程颢过世后，他又拜程颐为师，继续学业。杨时曾立志，不学到理学真谛，誓不罢休。

赶到程颐家时，杨时和游酢才觉察到自己行为的莽撞，他们不好贸然敲门，只好踮着脚到窗下窥探屋中老师的动静。

这时，程颐已经用过午饭，正斜倚在椅背上午休。

"怎么办呀？"游酢悄声地问杨时。

"还能回去吗？"

"我们的争论还没让老师评判，怎么能回去？"

"那就不要打扰老师休息，在门前等老师醒来。"

两个人垂肩肃立在门前。很快，天空中阴云堆上来了，朔风也吹起来了，霎时洛阳城下起了鹅毛大雪。

雪花落在两个学子的身上，白了他们的头发，白了他们的眉毛，白了他们的衣衫。于是，程颐门前多了两个雪人。可他们的眼睛却还不停地动着，或怒或喜，或急或静。原来，两人是在用目光继续着上午的争论。

门终于开了，程颐被眼前的两个雪人惊住。

"你们……你们怎么站在雪里？"

两个雪人露出笑容，向程颐恭敬地作揖。

"你们快进来。"

两个雪人躬身进了屋，门外留下了两双深深的雪窝。

"你们……你们……"

程颐没再说下去，望着深深的雪窝笑了。

故事感悟

尊师是中华民族的传统礼仪，有这种美德的学生一定会成长为令人尊重的人。杨时、游酢"程门立雪"最终学到理学真谛，成为北宋著名的哲学家。

刚正的杨时

杨时是南宋时期一位很有影响的政治家。在担任地方官吏时，杨时所到之处"皆有惠政、民思不忘"。在虔州任司法时（1098年），杨时更是秉公办案，刚正不阿。在浏阳任知县时（1093年），他积极上书朝廷，反映实情，赈济灾民。在余杭任知县时（1106年），他顶住奸相蔡京借口"便民"实为其母筑坟的害民之举。在萧山任知县时（1112年），杨时修筑湘湖，蓄水灌田。后人为了纪念杨时，修建了祠堂，并描画像来祭祀他，以表示对他的怀念。

杨时在朝中为官期间，也是不畏权势，据理直言，所言通常都卓有见识，所行也不乏爱国之举。他曾以"弃军而归""帅臣失败"为由，对贪生怕死的童贯"明正典刑"；他还上疏斥责奸相蔡京等人聚敛"花石纲"，以为此举有"误国之罪""其害尤甚"，要求朝廷废除之，并坚决反对割地求和的投降卖国政策，力主抗金，挽留抗金名将李纲。

然而，杨时却极力反对王安石实施变法，曾上疏说"愿明诏有司，条具祖宗之法，著为纲目……"甚至认为奸相蔡京所作所为是"继神宗为名，实扶王安石以图身利""今日之祸，安石启之"，要求"追夺（安石）王爵，毁去配享之像"。这些行为也表现了杨时为官为政过程中复古、保守的一面。

晁错礼遇伏生口传《尚书》

晁错（公元前200—前154），颍川（今河南禹州）人。西汉初期著名的政治家、政论家。早年曾学申商刑名之学，后以通晓文献典故而任太常掌故。汉文帝时期，被派往故秦博士伏生处接受《尚书》的传授。诏以为太子舍人，历任博士、太子家令，深得太子（即后来的景帝）宠信，号为"智囊"。汉景帝即位后，任内史，迁御史大夫。吴楚七国叛乱时，晁错被政敌袁盎等人所害，最终被杀。

《尚书》也称《书》或《书经》，是儒家经典之一，相传由孔子编选而成，在秦代被焚毁。

汉文帝在位期间，想要重新整理编修《尚书》，但是，当时的朝廷中却没有一个人能够担此重任。

一天，朝中的一位大臣对汉文帝说，有个叫伏生的老人能够编修《尚书》，此人已将《尚书》的全文装在了脑子里。汉文帝一听，非常高兴，立即派人召伏生进京。

当时，伏生已经是九十多岁的老人了，行走十分困难，不可能应召进京。汉文帝想，要整理《尚书》这样的古籍，就必须依靠伏生这样有学问的老人。可是现在伏生太老了，行动不便，怎么办呢？要是我派人亲自登门求教是不是可以呢？这样难得的人才，理应得到尊重和照顾才对！于是，汉文帝指派晁错带了大量的金银财物，前往伏生处拜师求教。

晁错一行人马到达时，伏生正在馆内讲学，忽然听到外面车声隆隆，人欢马叫，不知出了什么事情。出门一看，见是朝廷派人来了，急忙下跪叩拜。

晁错见状，立刻前去搀扶，并向伏生施礼道："学生叩拜老师！学生是专程来向先生请教的。"

伏生不由得一愣，心想："朝廷派来的官员为什么自称学生，还带这么多礼物呢？"晁错立刻将汉文帝派自己来求教，并帮助先生编修《尚书》之事，向伏生讲明了。

伏生闻之，欣喜不已。编修《尚书》是他多年的愿望，但是自己体力和财力有限，很难实现这一宿愿。今天，汉文帝如此敬重自己，真是一个贤明的君主啊！他当下答应口授《尚书》。

说干就干，晁错不顾旅途的劳累，立刻拿出笔和纸，请伏生口授。

伏生毕竟年事已高，牙齿脱落，说起话来口齿不清，十分费劲，而晁错听得也很困难，伏生很是着急。

这时，晁错不仅不抱怨老先生，反而亲自给伏生端来茶水，又给先生搬来一把舒适的椅子，并安慰先生说："您别着急，慢慢地一字一句地讲，我仔细地听，时间长了，习惯了，就能听懂了。"

就这样，师生二人一个讲、一个记，不辞辛苦地工作着，直到把《尚书》编修完成，为后人保留下了这部儒家的经典之作。

这才是对待老者应该有的尊重和礼数啊！这种传统美德是古人提炼的精髓。尊师敬长，不是光靠嘴上说说的，我们要做到身体力行，真正继承和发扬尊师敬长之礼，让这种"礼"万古长存！

汉景帝恩宠晁错

后元七年（公元前157年），汉文帝因病去世，太子刘启即位，是为汉景帝。

汉景帝即位后，立即擢升晁错为内史（京师长安的行政长官）。晁错任职期间，曾经多次单独晋见景帝，议论国家大事，汉景帝对晁错也是言听计从，其宠信程度甚至超过九卿。因此，景帝时期的许多法令都是经晁错之手修改订立。

丞相申屠嘉见汉景帝宠信晁错，心中十分不满，但又不能明目张胆地伤害晁错，只好暗地寻找机会。碰巧，内史府坐落在太上庙（刘邦父亲的庙）外面的空地上，门朝东开，进进出出十分不便。晁错为了方便，就另外开了一个从南面进出的门，凿通了太上庙外空地的围墙。申屠嘉知道后，就想借此过失，报请景帝杀掉晁错。

晁错获悉后，马上单独向汉景帝说明了情况。第二天，等申屠嘉到景帝面前告状时，景帝不高兴地对申屠嘉说："晁错凿开的不是庙墙，只是庙内空地上的围墙，没有犯法。"

申屠嘉没有害死晁错，更加气愤，一气之下发病不起，不久就去世。这样一来，晁错的地位更加显贵了。

读晁错传

（宋）许氏

匣剑未磨晁错血，已闻刺客杀袁丝。
到头昧却人心处，便是欺他天道时。
痛矣一言偷害正，戮之万段始为宜。
邓公坟墓知何处，空对斯文有泪垂。

"三袁"赔罪宴恩师

袁宗道（1560—1600），字伯修，号玉蟠，又号石浦。湖北公安县人，是"公安派"文学的发起者和领袖之一，与其弟宏道、中道并称为"三袁"。著有《白苏斋集》22卷行世。其诗文代表作有《戒坛山一》《上方山》《小西天一》等，但他的创作如其弟袁宏道一样，存在着内容贫乏的缺点，这也是由他的创作思想导致的。

袁宗道、袁宏道、袁中道三兄弟，湖广公安（今属湖北）人，都是明朝有名的大文学家，史称"三袁"。

明朝万历年间，袁家三兄弟同时考取了进士，这一喜讯在家乡引起了极大的轰动。袁家准备设宴款待家乡父老。按照规矩和常礼，三位进士的老师都应邀请出席宴会，并要奉为上宾，坐在首席位置。

有一位名叫刘福锦的教书先生，是老三袁中道的启蒙老师，但是中道在他那里读书的时间很短，很快就转到其他地方学习了。因此，袁家对他的印象不深。这次宴会发请帖，又是老大袁宗道操办的，因而把三弟的这位老师漏掉了。

刘福锦见袁家宴请家乡父老却没有给自己发请帖，心里十分恼火，再加上有些乡亲又借机挖苦他，更使他不能容忍，便在一张白纸上写了一句话"高塔入云有一层"，签上自己的大名，派他的一名学生送给袁中道。

中道打开一看，恍然大悟，拍着脑门连说："失敬了，失敬了。"然后急忙找两位哥哥商量。

袁家三兄弟最后决定，再专门宴请刘福锦先生一次，并重新邀请所有的师长族尊作陪。

兄弟三人立刻写好请帖，老三袁中道还特意把刘先生送的一句话对成一首诗，写在了帖子上："高塔入云有一层，孔明不能自通神。一日为师终生父，谨请先生谅晚生。"以此表示自己对先生的歉意。

宴会那天一大早，袁中道特意抬着轿子去刘福锦先生家接他。不料，刘先生生性固执，还在生袁家三兄弟的气，硬是不肯上轿。老大、老二在家里左等右等，就是不见三弟把刘先生请来，心里十分焦急。于是，哥俩赶忙步行到刘先生家。兄弟三人一齐施礼，向刘先生道歉，恭请先生上轿。三兄弟的真情实意终于感动了刘福锦先生，他扶起了三兄弟，上轿前往袁家赴宴了。

酒席间，三兄弟频频向刘福锦先生举杯致歉，并感谢他对中道的教育之恩。这时，刘先生早已把先前的不愉快之事丢到了九霄云外，宴会的气氛极为融洽。

■故事感悟

尊师爱师是我们中华民族的传统美德。一个人无论地位有多高，成就有多大，都不能忘记老师在自己成长的道路上所花费的心血，饮水思源，怀师感恩。

公安派

公安派是明朝神宗万历年间（1573—1620年），以袁宏道及其兄袁宗道、其弟袁中道三人为代表的文学流派。由于三人为湖北公安县人，故世人称其为"公安派"。

公安派的作者还包括江盈科、陶望龄、黄辉等人。他们提出了"世道既变，文亦因之"的文学观点，又提出了"性灵说"，因此作品"独抒性灵，不拘格套"，能够直抒胸臆，不事雕琢。另外，他们的散文以清新活泼之笔，开拓了我国小品文的新领域。在明朝晚期的诗歌、散文领域，以"公安派"的声势最为浩大。

公安派理论的核心口号是"独抒性灵"。这一学说也融合了鲜明的时代特色，与李贽的"童心说"一脉相通，而与"理"尖锐对立。性灵说不但明确地肯定了人的生活欲望，还特别强调要表现个性，从而表现了晚明时期人们的个性解放思想。

柳敬亭遵师嘱刻苦钻研

柳敬亭（1587—1670），明末泰州（今江苏泰州市海陵区）人。原姓曹，名逢春。15岁时因犯法亡命盱眙（今属江苏），改姓柳，人称"柳麻子"。他18岁学说书，特拜对说书理论深有研究的莫后光为师。后随师到南京秦淮河"长吟阁"说书，声名远扬。崇祯二年（1629年），定居南京，与东林、复社名士多有交往。

柳敬亭是明末清初大名鼎鼎的说书艺人。他原名曹逢春，家住在江苏省泰州的曹家庄。

由于柳敬亭好打抱不平，得罪了地方上的恶势力，只好逃往外乡避难。有一天，他睡在一棵大柳树下，醒来后抓着拂在身上的垂柳枝条，联想到自己的不幸遭遇，就改为姓柳了。接着，他又默然背诵起了南齐谢朓咏敬亭山的诗，觉得"敬亭"二字可取，从此便以"敬亭"为名了。

有一次，柳敬亭流浪到江南水乡的一个小镇上，看到茶馆酒楼上经常有人说书，觉得新鲜有趣，此后就经常到那里听书，听后便记在心里。加上他从小就读了不少历史方面的小说，听了不少民间故事，所以柳敬亭也想靠说书来赚钱维持生活。

由于找不到说书的方法和技巧，也找不到合适的老师教自己，柳敬亭就自己摸索着学，但是效果不理想，为此他很苦恼。

后来，柳敬亭在旅途中听到一位高明的艺人说书，听后简直是佩服得五体投地。这位艺人名叫莫后光，于是柳敬亭找到他，诚恳地要拜他为师。莫后光见这个年轻人诚实可爱，说书也有不错的基础，就收他为徒。

莫后光把说书的基本原理和方法都教给柳敬亭，并告诉他，说书虽然是一种小技艺，也同学习其他技艺一样是需要下苦工夫的。首先要熟悉各阶层的生活和各地的方言、风俗、习惯等，然后要把自己观察和搜集到的材料进行反复分析，找出它们的因果关系、发展过程。同时，还要学会对掌握的材料加以剪裁取舍，并且要学会把有用的材料都组织得恰到好处。

柳敬亭把老师的教诲都认真地记下，白天到处游街串巷，仔细地观察了解社会的各种现象，尤其对方言俚语特别注意。晚上回家后，他就细细地琢磨白天看到听到的事情，然后将其加工、提炼、融化到历史故事中去，并认真地记在纸上。

这样学习了几个月后，柳敬亭去找老师指点。老师让他说了一段书，然后对他说："你现在虽然能讲出故事了，但还没能达到引人入胜的境地。最重要的是，你要时刻想到如何才能把故事说得好、说得动听。有时候，故事中的情节要从从容容地直叙，一路走来，直达胜境；有时候则要简洁明快，开门见山，一目了然；有时还要增加一些伏笔或悬念，增强听众听书的兴趣，想听个究竟舍不得离去。总而言之，在故事的轻重缓急之间，你要学会安排得贴切妥当，件件事都交代得要有头有尾，扣人心弦。"

柳敬亭继续苦心钻研，并经常深入到百姓中去，与各种各样的人交朋友。在交往中柳敬亭发现，许多上了年纪的人说起话来特别吸引人，而声音又会随故事情节的跌宕起伏而抑扬顿挫，感染力强。尤其是说话时那种胸有成竹的神态，很值得自己学习。因此，他每天都细心观察、模仿。又过了几个月，柳敬亭再次去请教老师。

这次老师听了柳敬亭说的一段书后，说："你现在进步不小了，能使听的人达到聚精会神，但还要精益求精。说书的人，要学会与故事中的人物融为一体，这样才能在动作、语言、神态方面惟妙惟肖、活灵活现，让自己成为故事中的人物，才能吸引听众进入故事所表现的境界，连他们也忘了自己，忘了是在听书。这才是说书艺术最理想的境界。"

柳敬亭听了老师的这番教诲后，更加信心十足，学习也更加刻苦了。于是，他进一步深入生活，熟悉人们的感情、爱好。他还常常说书给大家听，让大家评论，晚上再重新练习一遍，把大家的意见尽量采纳进去。

这样又过了几个月，柳敬亭又去找老师。这次听了他说的书后，老师高兴得连翘大拇指，说："你现在已经把说书的技艺学到家了。你还没有张口，就已经营造出了故事的气氛，等说起来时，听众的情绪就能够不由自主地跟着你所讲的故事中的人物共鸣起来了。"老师满意地拍着柳敬亭的肩膀说："你进步真快啊！真快啊！"

柳敬亭在名师的指点下，经过自己的刻苦研究，努力学习，最终成为一位有名的说书艺人。后来，他走遍了大江南北，走到哪里都受到当地百姓的热烈欢迎。

柳敬亭的成功来之不易，是他勤奋的结果。但是，他的成功离不开老师的指导与教诲，更离不开他对老师始终保持着尊敬爱戴的态度。只有尊敬老师、礼待老师，才会得到老师的具体指导，这也是我们作为学生的必要前提！

■文苑拾萃

《柳敬亭传》节选

（明）黄宗羲

宁南南下，皖帅欲结欢宁南，致敬亭于幕府。宁南以为相见之晚，使参机密。军中亦不敢以说书目敬亭。宁南不知书，所有文檄，幕下儒生设意修词，援古证今，极力为之，宁南皆不悦。而敬亭耳剽口熟，从委巷活套中来者，无不与宁南意合。尝奉命至金陵，是时朝中皆畏宁南，闻其使人来，莫不倾动加礼，宰执以下俱使之南面上坐，称柳将军，敬亭亦无所不安也。其市井小人昔与敬亭尔汝者，从道旁私语："此故吾侪同说书者也，今富贵若此！"

亡何国变，宁南死。敬亭丧失其资略尽，贫困如故时，始复上街头理其故业。敬亭既在军中久，其豪猾大侠、杀人亡命、流离遇合、破家失国之事，无不身亲见之，且五方土音，乡俗好尚，习见习闻，每发一声，使人闻之，或如刀剑铁骑，飒然浮空，或如风号雨泣，鸟悲兽骇，亡国之恨顿生，檀板之声无色，有非莫生之言可尽者矣。

第三篇

教子尚礼

孟母时刻以礼仪教子

> 孟母（生卒年不详），孟子的母亲，仉氏。孟轲早年丧父，孟母教子的故事千百年来妇孺皆知。

孟子年幼时家住在墓地附近。孟子经常和小伙伴去坟地玩耍，并和小朋友们一起做一些模仿成人送葬一类的游戏。

孟母发现儿子的这一行为后，认为这样的地方实在不利于孩子的成长，于是就迁居到一个闹市的附近。

可是在闹市区居住，孟子玩耍时又学起了小贩子沿街叫卖的模样儿。孟母觉得，这也不是适合孩子成长的地方，于是又迁居到学堂的附近。

这一次，孟子在玩耍时就学起了祭祀、打躬作揖的礼仪来。孟母觉得，这样的地方才真正适合孟子居住，于是母子两人就在这里定居下来。

在母亲的督促下，孟子刻苦读书，很快就成长为当地很有声望的学者，长大后娶了妻室。

有一天，妻子正在屋里坐着休息，便随意地将两条腿叉开，刚好赶上孟子外出回来。孟子一看到妻子的这种姿势，便生气地转身找母亲，说要休妻。

孟母被孟子这突如其来的举动弄愣了，便问为什么。孟子回答："她坐着的时候，随意地将两腿叉开，一点儿都没个规矩的样子！"

孟母追问："你怎么知道她坐着的时候是把两腿叉开的呢？"

孟子回答说："是我亲眼所见嘛！"

孟母严肃地教导孟子说："这不是你的妻子没礼貌，而是你没礼貌。《礼记》上说，进门时，先要问谁在里面；上堂时，要高声说话，给个知会；进屋时，眼睛应该往下看。这样才能让人在没有防备时不至于措手不及。而现在你到了她休息的地方，进屋前也没说一句话，她那样坐着刚好让你看见了，这难道不是你没有礼貌吗？"

孟子听了母亲的一番话后，仔细地回顾了一下自己的言行，觉得的确是自己的错误，感到很惭愧。从此以后，孟子更加虚心求学，以礼仪规范自己，最终成为声望仅次于孔子的亚圣。

■故事感悟

孟母深明大义、明辨是非，在处理家庭事务中处处以礼仪教子，不偏听偏信，更不偏袒。这在处理家庭关系，特别是婆媳关系上，更是一个典范！

■史海撷英

孟母断织教子

孟子小时候就很聪慧，可是也很贪玩。

有一天，孟子逃学跑到外面玩。晚上回家后，孟母也不责备他，而是不声不响地拿起一把剪刀，当着孟子的面将自己刚刚织成的一段锦绢拦腰剪成两段，把孟子看得惊愕不已。

这时，孟母对孟子说："你的废学就像我剪断织绢一样！一个君子学以成名，问则广知，所以居则安宁，动则远害。你今天不读书，就不可以离于祸患，今后永远只能做一些蝇营狗苟的小事，中道废而不为，怎么能衣其夫子，而不乏粮食呢？"

孟母用"断织"来警喻"辍学"，指出做事不能坚持，半途而废，后果是很严重的。母亲的话在孟子幼小的心灵上留下了既惊且惧的鲜明印象，从此以后，孟子孜孜不倦，勤学不息。

■文苑拾萃

陈夫人哀诗

（宋）刘克庄

龙川天下士，女子节尤奇。
孟母迁邻训，共姜誓己诗。
生无封国分，殁有表阡时。
曾识双珠树，聊为补些辞。

孙母教子诚实礼貌

> 孙叔敖（约公元前630—前593），芈姓，蔿氏，名敖，字孙叔。春秋时期楚国的名相，于水利、兵法方面均有极大贡献。少时见两头蛇于野，时乡俗谓见此蛇者必死。孙叔敖斩而埋之，免他人所见而同受其害。孙叔敖一生廉洁，去世时竟无棺入殓。汉司马迁所著的《史记》中赞其为循吏之首。

孙叔敖是春秋时的楚国人，曾做过楚庄王的令尹（宰相）。

孙叔敖从小聪明伶俐，心地善良，常常帮助别人做好事。遇到危险，宁肯牺牲自己，也要为大家除害。

有一次，孙叔敖出去玩耍，在路上看见一条两头蛇，那蛇昂首翘尾，非常吓人。

当时，人们对两头蛇缺乏正确的认识，有一种迷信说法：谁看见两头蛇，不久就会死去。尽管很少有人看到两头蛇，但对两头蛇总是怀有一种异常恐惧的心理。

孙叔敖马上想到这个习俗：谁看见两头蛇，就会死掉。他急忙拣起石头把蛇打死，挖了个坑把死蛇埋起来。

孙叔敖又害怕又难过地跑回家里，一头扑在母亲怀里放声大哭起来。

母亲很奇怪，刚才出去时还好好的，怎么现在哭起来了。于是，母亲问他出了什么事。

孙叔敖说："我活不成了，母亲！"

"为什么？"母亲一听，吓了一跳。

"刚才，我看见一条两头蛇，我要死了，再也不能和您在一起了。"孙叔敖越说越伤心，眼泪不住地往下掉。

母亲听说他看见两头蛇了，连忙问："那两头蛇现在在哪儿呀？"

孙叔敖回答说："我怕别人再看见它又要死去，已经把它打死埋在土里了！"

母亲的脸上露出了笑容，给孙叔敖擦了擦眼泪，安慰他说："你做得对啊，孩子！做人就应该这样，你自己在危险的时候，还会想着别人，像这样诚实、礼让的美德，这样的好心会感动天地，你不会死的！"

果然，孙叔敖没有死，长大后还当了大官，做了很多利国利民的事。

■故事感悟

孙叔敖见了两头蛇，怕别人因见两头蛇死掉，就把蛇打死了。然而，当我们看了孙叔敖打蛇的动机就不能不对这位古人肃然起敬。孙叔敖的母亲在他成长的道路上起了重要的作用，他对儿子的稚气和做法给予充分的肯定。这位古代的贤母比起当今那些唆使孩子损人利己的家长不知高明多少倍！

■史海撷英

虞丘子荐孙叔敖

有一次，楚庄王在朝堂上与大臣们一起议事，直到很晚才散朝。回宫后，樊姬下殿迎接庄王，并问道："今天散朝这么晚，大王一定饥饿疲倦了吧？"

楚庄王笑着说："与贤达之人一起谈天说地，就会忘了饥饿疲倦。"

樊姬又问："大王所说的贤达之人指的是谁呢？"

楚庄王说："是虞丘子。"

樊姬说："虞丘子可以算得上是个贤臣，但忠臣还算不上。虞丘子担任楚国的丞相也有十余年了，可是推荐给大王的人才不外乎自己的子弟和同族兄弟，却从未听说他推荐贤人斥退不贤的人。知道贤人而不推荐，可谓不忠；不知道哪些人是贤人，可谓不智。这些还不够可笑的么？"

第二天，楚庄王就把樊姬的话转告给了虞丘子，虞丘子听后十分羞愧，离开座位，诚惶诚恐地站在一旁说不出话来。

之后，虞丘子遍访贤士，最终找到了贤士孙叔敖，并把孙叔敖推荐给了楚庄王。

□文苑拾萃

孙叔敖墓

（清）郑机

惟楚有材举亦殊，叔敖入相海之隅。
虞邱荐牍输巾帼，优孟陈情胜士夫。
围郑回辕非畏事，城沂命日有深图。
功名岂尽埋蛇报，阴骘从来信不诬。

敬姜教子以礼待人

　　敬姜（生卒年不详），春秋时期鲁国大夫公文伯的母亲，以贤良著称。

　　春秋时期，鲁国大夫穆伯和莒地（今山东莒县）一位名叫敬姜的女子结了婚，不久后生了个儿子，名文伯。

　　不幸的是，穆伯在年纪轻轻时就去世了，因此抚养教育儿子文伯的重任就落在了敬姜的肩上。文伯在母亲敬姜的抚养下长大。几年后，母亲又把他送到外地求学。

　　有一次，文伯外出回来看望母亲。陪文伯一起回家的还有一群伙伴，这些伙伴对文伯都是毕恭毕敬，言听计从。

　　文伯走路时，他们就乖乖地跟在文伯的后边；文伯上台阶，他们便不敢与文伯同蹬一个台阶，而是在下面的一级上；文伯外出，他们一个个都是前呼后拥。文伯见这些伙伴们都这样听自己的话，恭维自己，便显得很得意，自以为很了不起。

　　敬姜知道这件事后很生气。她严厉地批评文伯说："你太傲慢、太不懂礼貌了！你知道吗？过去武王上朝回来时，都是自己解鞋袜脱鞋；

齐桓公身边有四五个进谏的大臣，每天进朝向他提意见的人也要有四五十人，因此他才能成就大业；周公为了得到天下的贤达之人，有时吃一顿饭都要三次停下去接待客人，有时洗澡也要中断，忙着去迎接来宾。这三位圣人尚且可以做到尊敬、爱护别人，而你年纪轻轻却这样无知，让你的同伴们以兄长之礼来对待你，这是多么愚蠢的行为呀！"

文伯听了母亲的这番话，非常惭愧。自此以后，文伯牢牢记住母亲的话，所拜之师都是对学生要求严格的，结交的朋友也都贤良有德，他的学识水平也得到了明显的提高，品德修养也为世人所称道。他所游历的地方，无论是遇到白发苍苍的老者，还是遇到牙齿没长齐的幼童，都会以礼相待。

敬姜得知儿子的这些进步时，高兴地说："吾儿知错就改，并能以礼待人，将来一定能成为有用的人！"

■故事感悟

敬姜是位极有修养的母亲，她不满意儿子的骄傲自满，以历代贤人谦虚谨慎的事例来教育他，语重心长。文伯知错就改，同样值得赞扬。

■史海撷英

敬姜绩麻

有一天，公文伯下朝回家后，看到母亲敬姜正在绩麻，就对母亲说：像我们这样的家庭就不要绩麻了，否则季孙看到会生气的，以为我不能待奉您！

敬姜听罢儿子的抱怨，就训诫道："夫民劳则思，思则善心生；逸则淫，淫则忘善，忘善则恶心生。"

敬姜认为，上自天子、诸侯、三公、九卿，下至黎民百姓，都必须要参加劳动才行，或劳心、或劳力，这样才能政清人和、国泰民安，这也是治国安邦的基础和前提。敬姜实际上是阐述了一个朴素的真理：勤勉不怠国则兴，逸乐怠慢国则败。

■文苑拾萃

近故魏国夫人卢氏挽歌辞三首

（宋）杨万里

其一

胄出开元相，贤称魏国嫔。
祇教纪彤管，不见转鸿钧。
瓜葛春风里，苹蘩南涧滨。
古今书列女，仁孝几何人。

其二

唐代崔家母，升堂乳阿姑。
姑言吾报妇，孙孝妇如吾。
此假前无古，夫人独与俱。
祇看秦国语，更恐李唐无。

其三

素节勤仍俭，清风冷似冰。
秋衣孟光布，夜绩敬姜灯。
拱木霜何早，同茔雪政凝。
郎君一蒉足，再看九霄鹏。

子发母闭门严格训子

子发（生卒年不详），战国时期楚国将领，生活于楚宣王时代。

　　有一年，楚国的大将子发率领大军攻打秦国。在这期间，子发派两名使者回国去筹措军粮，同时还给母亲捎了一封家书。

　　子发的母亲看到信后，很为楚军的将士担忧。于是，她就问使者说："士兵们怎么样？都有吃的吗？"

　　使者回答说："士兵们吃的是豆子。"

　　子发的母亲又问："将军们怎么样？也是吃豆子吗？"

　　使者说："将军们不吃豆子。他们每顿都能吃上大米，菜也都比较丰盛，每顿都有鱼有肉的。"

　　子发的母亲面有不悦之色，又接着问："士兵们的作战情况怎么样？"

　　使者说："士兵们作战都很勇敢，就是吃得太差，吃不饱，影响士气。"

　　子发的母亲又问："将军们作战时都能身先士卒吗？"

　　使者说："将军们都坐在后面指挥……"

子发的母亲问明情况后，十分生气，也没有给儿子写回信，就把使者打发走了。

楚王收到子发的信件后，派人将军粮送到了前线，楚军士气大振，士兵们奋勇争先，大败秦军。

战争结束后，子发与诸位将军得意洋洋地回来了。除了加官晋爵外，子发和将军们还得到了很多的封赏。

不久，子发回到家中。子发原本以为，母亲知道他凯旋而归，加官晋爵，一定会十分高兴。可是，当他乘坐着驷马高车，满载着楚王赏赐的物品回到家中时，却见大门紧闭。子发派人屡次喊门，大门就是不开。

子发感到很纳闷，这时突然看见白发苍苍的母亲由一位侍女搀扶着，颤巍巍地来到了门楼的窗前。

子发连忙下车，步行到楼门的墙边，站在窗前，向母亲躬身请安，并请母亲开门，让自己进家。

子发母还是不开门，并教训儿子说："你身为大将，却不懂得谦虚、礼让下属。越王勾践在讨伐吴国时，有人献给他一坛醇酒，他却首先赏给士卒饮；又有人献给他一袋美味的干粮，他又命人赏给士卒分吃。就是因为越王爱护士卒，士卒在作战时才更加勇猛，奋勇争先，很快灭掉了吴国。可是你在作战时，把豆子之类的粗粮让士卒食用，自己却享受鱼肉、大米等美味食品；你让士卒冒死冲锋，自己却坐在后面坐享其成。这次楚国之所以能大败秦国的军队，都是士卒的功劳，你这个当大将的根本就没有尽到自己的责任。为将而不爱惜士卒，怎么能为将呢？你不听我的教训，就不是我的儿子，今后也不准你进我的家门。"

子发听了母亲的训斥后，非常惭愧，便跪地请求母亲宽恕："母亲教训，句句在理，儿身为大将，没有谦虚、礼让士卒，实为大错。今后一定遵从母训，永不再犯。请母亲念孩儿是初犯，饶恕这一次，打开大门，让儿子进去吧！"

子发母见儿子已经有了悔改之心，才命人打开大门。子发进门之后，连忙跪倒在地，感谢母亲的教诲。

后来，子发把楚王赏给自己的物品全部分赏给士卒，士兵们都欢呼雀跃，立志为国效命。从此以后，子发也更加爱护士卒，士兵们作战勇敢，楚国连打胜仗，国力日盛，子发也成了一位有名的将军。

□故事感悟

在世俗者的眼中，子发打了胜仗，还要受到母亲严厉的斥责，这位母亲实在有点太苛求了。而子发母亲的高明之处，就在于她对儿子的严格要求，于细微之处看到儿子的问题。

□史海撷英

昭奚恤"狐假虎威"

有一次，楚宣王问大臣们："听说北方诸侯都很害怕楚令尹昭奚恤，是这样的吗？"

大臣们谁都不回答。这时江乙回答说："有这样一个故事，我讲给大王听听：老虎捕捉各种野兽来吃。有一次，他捉到了一只狐狸，狐狸就对老虎说：'你是不敢吃我的，上天派我做群兽的领袖。如果你吃掉了我，就违背了上天的命令。如果你不相信我的话，我在前面走，你跟在我后面，看看群兽见了我有哪个敢不逃跑的。'老虎信以为真，就和狐狸一起同行，群兽见了它们果然都纷纷逃跑了。其实，老虎不知道群兽是因为害怕自己才逃跑的，反而以为是群兽害怕狐狸。现在，大王的国土方圆五千余里，大军上百万，而昭奚恤却独揽大权。因此，北方的诸侯看起来是害怕昭奚恤，其实是害怕大王的军队，这就像群兽害怕老虎一样啊。"

■文苑拾萃

《战国策》

《战国策》是我国古代的一部史学名著。全书按东周、西周、秦国、齐国、楚国、赵国、魏国、韩国、燕国、宋国、卫国、中山国依次分国编写，共分33卷，约12万字。

《战国策》主要记述了战国时期纵横家的政治主张及言行策略，展示了战国时期的历史特点与社会风貌，也可说是纵横家的实战演习手册。

西汉末年，刘向在校录群书时，在皇家藏书中发现了六种记录纵横家的写本，但内容却十分混乱，文字也不完整。于是，刘向按照国别编订了《战国策》。因此，《战国策》不是一时一人所作，刘向也只是《战国策》的校订者和编订者。

马援写信训子侄

马援（公元前14—49），字文渊，扶风茂陵（今陕西兴平东北）人，东汉著名的军事家。汉光武帝时期拜为伏波将军，封新息侯，世称"马伏波"。

马援是东汉初期的名将。最初，马援依附于陇西的隗嚣，后来归顺了刘秀，并参加了攻灭隗嚣的战争。不久后，他又调任陇西太守，平息了羌人的入侵。

马援一生南征北战，屡建战功，被授予"伏波将军"。然而，马援却居功不傲，谦虚谨慎、礼让，被世人传为佳话。

马援不仅以谦虚、礼让来要求自己，还严格地告诫自己的亲属。

马援有个哥哥，哥哥有两个儿子，经常喜欢在别人的背后议论人家的过失。马援知道后很生气，便立即写信告诫两位侄儿。

马援在信中说："我希望你听到人家的过失，能像听到你们父母的名字那样严肃对待。耳朵可以去听，但嘴巴不可以乱说。好议论别人的长短，拨弄是非，是最可恶的行为，我很讨厌它。我宁愿去死，也不愿听到子孙有这种可恶的行为。我之所以这样叮嘱你们，就像母亲叮嘱一个将要出嫁的闺女一样，目的是希望你们不要忘记我的告诫。"

后来，马援的两位侄儿果然没有辜负他的告诫，改正了自己的缺点，成为被人们称赞的好后生。

■故事感悟

马援不居功自傲已属难得，但他更严格要求子侄尊重他人，不妄言他人过失，体现了一位英雄的坦荡胸怀以及对他人的尊重。他的这种优秀品格值得我们每个人学习。

■史海撷英

马援志存高远

马援在年轻时，曾当过郡中的督邮。

有一次，马援押送一名囚犯去司命府。由于囚犯身有重病，马援感到他很可怜，便私自将囚犯给放了，自己也逃到北地郡（治今甘肃庆阳西北）。

后来天下大赦，马援就在当地养起牛羊来。由于马援谦虚礼让，人缘好，久而久之不少人从四面八方赶来依附他，他手下也渐渐有了几百户人家供他指挥役使。马援经常带着这些人游牧于陇汉之间（今甘肃、宁夏、陕西一带）。

这个时期，马援过的虽然是转徙不定的游牧生活，但他胸中的志向却从未消除，并常常对宾客们说："大丈夫立志，穷当益坚，老当益壮。"

夜读马援传感少游语

（宋）黎廷瑞

生人有恒道，衣食固其须。
裁足谅已难，况复求赢余。
所以古怪贤，守道甘穷居。
缊袍敝弗厌，箪瓢饥自娱。
徐行岂不安，焉用马与车。
掾史亦良劳，抑首畏简书。
放旷山泽间，孰与从樵渔。
无求恒泰然，有系还多虞。
但当力为善，汲汲希舜徒。
于然守故丘，庶不忝厥初。
寄语马少游，斯言定何如。

范武子教子尊老谦让

范武子（约公元前660—前583），祁姓，士氏，名会，因被封于随、范，以邑为氏，别为范氏，谥武，又被称为士季、随会、随季、范子、范会、武季、随武子、范武子。是士蔿之孙，成伯缺之子，春秋时期晋国的中军将、太傅。

范文子（？—前574），春秋时期晋国的军事人物、政治人物。祁姓，士氏，封地名为范，讳燮（范燮），字叔，谥号文。士会之子。

春秋时，晋国有个中军元帅叫范武子。此人虽身居高位，却从来不摆架子，对人十分谦恭有礼。范武子不仅自己注重道德修养，而且经常教育儿子讲文明，懂礼貌，谦虚谨慎，宽以待人。

范武子年老退休以后，儿子范文子接替他在朝中做了官，可范武子并未因此而放松对儿子的教育。

有一天，范文子回家晚了，范武子问儿子："朝中出了什么事，回来这么晚？"

范文子带着骄傲的口气回答说："今天来了几个秦国的客人，他们提出了一些隐晦难解的问题让我们回答，朝中那些官员都回答不上来，我答了三个。"

谁知范武子听了儿子的话，不仅不加赞扬，反而勃然大怒，举起手杖就打。

范文子莫名其妙地挨了打，急忙问父亲缘故。范武子生气地训斥道："你太自负了，你以为朝中的那些官员回答不上来？不是！他们都很有修养，是想让长辈们回答。可你居然不知道谦让，竟三次抢先发言，像这样骄傲自大，没有礼貌，不该打吗？"

听了父亲的教诲，范文子心服口服，从此以后，更加注重自己的文明礼貌修养。不久，晋国与齐国之间爆发了战争，范文子随中军元帅出征，大胜而归。晋国的官员、百姓都去迎接凯旋的将士，范武子也去了。

将士们一个个走过去，就是不见范文子。直到队伍最后才看到范文子。范武子见到儿子就问："你为何走在最后？不知道我们都在焦急地等你吗？"

"这次胜仗是元帅率兵打的，假如我走在队伍的前面，大家肯定会把目光投向我，我不抢了主帅的荣誉了吗？"范文子回答说。

听了儿子的话，范武子满意地笑了。

■故事感悟

能够时刻想到别人，站在别人的角度想问题，是良好社交礼仪的表现，也是一个人的优秀品质。父母教育孩子能想到别人，也就是帮孩子树立平等待人、尊重他人的思想。这是对别人的尊重，也是一切良好礼仪习惯的前提。

范武子治政有方

范武子在执政晋国期间，专务教化，从而使晋国的盗贼都逃到了秦国。

晋国的郤克想要使齐国受辱，请求伐齐没有成功，范武子担心晋国发生内乱，就辞官让郤克来执政。二十年后，晋悼公犹修"范武子之法"。

范武子去世后，赵武、叔向等人都十分思念他。

《春秋》

《春秋》是儒家的经典著作之一，为编年体史书，相传由孔子根据鲁国的史官所编的《春秋》加以整理修订而成，主要记载了自公元前722年至前481年共242年间的史事，是我国最早的一部编年体史书。

马尚书教女尊夫家规

陈省华（939—1006），字善则，北宋时期阆州新县人。祖陈翔为蜀新井令。早年曾随祖父陈族至四川阆中。为蜀西水县尉，后为宋陇城主簿，再迁栎阳令。任栎阳令期间，郑伯渠为邻县强占，陈省华设法使水利均沾。官至左谏议大夫。卒赠太子少师、秦国公。妻冯氏，封燕国夫人。陈省华有三子，长子陈尧叟是端拱二年（989年）状元，次子陈尧佐进士出身，三子陈尧咨是咸平三年（1000年）状元，世称"三陈"。父子四人皆进士，故称"一门四进士"。由于陈省华的女婿傅尧俞是状元，因此又称"陈门四状元"。

马亮尚书的独生女要回娘家省亲了。马尚书一家忙得不可开交，特别是马夫人，更是魂不守舍，坐卧不安。这也难怪，马尚书只有一个独生女，出嫁后，膝下无人，二老不习惯，好生寂寞。出嫁之后又不知夫家待她如何，女儿第一次离开亲生父母，不知习惯与否……

这些问题，时时都萦绕在尚书夫人的脑际。一听说女儿要回娘家省亲，怎不使她激动万分？

马亮是北宋的户部尚书，女儿嫁给当朝谏议大夫陈省华的大公子。

这门亲事是马亮主动撮合成的。因为陈省华家是北宋的高官府第，一家人就有四个在朝廷中当大官：大儿子陈尧叟，中状元后在朝中累累升迁，至今已是朝中宰相；二儿子陈尧佐，中状元后官至节度使；三儿子陈尧咨，很早就中了进士，不久官至丞相。

这样的家庭在当时人眼里，谁不羡慕赞赏。马亮特别看中陈尧叟，才华横溢，仪表堂堂，又是当朝宰相。由于马亮的独生女美貌出众，能诗善文，门第显赫，最后两家终于结为亲家。本来，女儿的婚礼要大力操办，由于陈省华治家唯俭，坚决要从俭从省，马亮违拗不过，也只得照办了。三日匆匆回门之后，就未得见女儿的面了，掐指一算，三月有余，女儿的生活到底怎样，马尚书也有几分牵挂。

终于到了女儿回家之日，马亮早早下朝，便和夫人在府中等候。只见一辆普通的车子来到家门前，车帷掀开，下来的便是自己的宝贝女儿。只见她面色苍白，瘦得简直认不出来。老两口一见，止不住眼泪便像雨珠一样滚了出来。女儿一进屋，才叫了一声"爹、娘"，便泣不成声，家人奴仆见这般光景，一个个也抹泪哽咽。

待到女儿流完了辛酸泪水，发泄完三个月的怨气，尚书夫妇才问及女儿在婆家的生活。女儿说道："世人眼里陈家是高官门第，我嫁过去是宰相夫人，应该是过不完的豪富日子，享不尽的荣华岁月。哪知，我在陈家每日三餐吃的是粗茶淡饭、平常饮食。女儿在家长这么大，还从没吃过那样低下的饭菜，叫我端着碗无法下咽啊！"

"他陈家就是这样对待儿媳妇的？"母亲气愤地说。

"不，陈家全吃这样的饭菜。"

"啊？陈家高官厚禄，只吃这样的饭菜？"马亮也忍不住问。

"我问他家的下人，说谏议大夫规定常年都吃这样的饭菜。他不允许家中随意摆酒席，假若家中来了贵客，或是逢年过节，或是操办红、白大事，非办酒席不可，谏议大夫对酒席也有严格规定，只许比平时稍为讲究些，绝不许大操大办。"

"陈家家财万贯，福禄满堂，还要如此省吃俭用做什么？"尚书夫人愤愤地说。

"陈省华在朝多次上奏，要倡导节俭，戒除奢侈，众官都认为这是公开之言，不想，他在家中还亲自躬行。"马亮也感叹道。

"你们不知道他家的规矩还多着呢！平日粗茶淡饭，除了上朝外不准家人随意坐车，平时不允许家人穿美丽华贵的衣服，不准多雇丫环和仆人，自家的家务自己做，不准要仆人、丫环、他人代劳。我最最受不了的，是要媳妇下厨房做饭！"

"什么？你是宰相夫人了，还要下厨房做饭？这成何体统？"夫人气愤地说，"你向你婆婆提出来，你从小是衣来伸手、饭来张口，只知学诗作文，没下厨房做过饭，父母也不让你做！"

"这些我都向婆婆说了，她说这是公公定下的家规，为使家人养成节俭习惯，知道世事的艰难，媳妇要下厨房做饭。我又和尧叟说了，他见人家哭得像个泪人，也只笑笑说：'早有人向父亲说过了，父亲就是不同意，父亲在以俭治家方面要求很严，我也不敢去碰这个钉子。'他也不敢去说。"

"尚书，你和亲家翁同是朝廷命官，你去和他说说，可能会有作用。勤俭治家，我们不反对；粗茶淡饭，我们要女儿慢慢习惯；这下厨房干粗活，是不能要求了。这样做就是一般小姐、夫人也有失身份，何况我女儿又不是一般富贵人家的小姐，是知书识文的世家千金，好歹也是当朝宰相的夫人。如此举动，不仅有失家颜，也有失国威！"

夫人越说越觉得难以忍受，恨不能立即就叫丈夫去找陈家评理。马亮听了夫人的话，沉吟半晌。他觉得陈省华的做法不能算错，自己的女儿自幼娇生惯养，现在成家了，让她受些磨炼，知道稼穑的艰难，对她也不是没有好处。但是，身为宰相的夫人，还要下厨做饭，烧茶端汤侍候他人，这个做法太过了，老亲家也太不通人情世故了，于是说道："等明日上朝罢，我在路上一定和他说说，这事你们放心吧！"

母女俩听到这里，才擦去泪水，慢慢露出笑颜。

第二天上朝罢，马亮堵住了陈省华，二人策马并肩缓缓而行。马亮带着几分埋怨的口气对亲家翁说："我那女儿，自小被她母亲娇生惯养，虽聪明伶俐，知书断文，但从不会做家务，更不知'勤俭'二字为何义，不会之处，亲家翁要多多海涵！"

"不怕，她慢慢便会明白的。"陈省华以为亲家是一般的客气话，也未往深处想，便草草应之。

"听说，你还要她下厨做饭，这不仅她不会做，就是她母亲又何曾做过？礼仪是历代美德，但是让一个宰相夫人下厨做饭，干侍候人的工作，这已超出范围、有失常礼了，外人听见，定会耻笑我等名门望族无家教家规，亲家翁，意下如何？"

陈省华一听便明白了：媳妇不愿下厨，无法向他表白，回家搬出父母，由父母出面来说话。看来，还是自己想得不周，以为夫人带着媳妇下厨，开头总是艰难的，慢慢便习惯了。不想这个儿媳表面没有什么为难神色，背后却还很有计谋，自己怎么就没想到这一层呢？如若早些对她晓之以理，动之以情，就不会造成这样大的震动。

于是，陈省华便平静地说："亲家翁的责难，老夫毫无可怨，也实在在理。这怪老夫考虑不周，想不到贵千金思想中对此事有这么多的疙瘩。只见她神情自若，和老夫人一起下厨操持，虽不太会，但面无难色，老夫便以此放心。今日得知贵千金难以忍受，以后就叫她别下厨了，她的活叫老夫人一人干就是。"

"什么？亲家母还下厨做饭？"

"几十年来都如此啊！家中的女儿、媳妇都是她教带出来的。"马亮听到这里顿然省悟，陈家戒奢勤俭人人如此，而亲家翁、亲家母身体力行，走在前面，做出表率。自己的女儿怎能让她比公婆还要特殊呢？这不更要让人耻笑吗？

想到这里，马亮很后悔自己刚才的粗鲁，便忙说道："亲家翁请原谅，老夫确实不知亲家母已先为表率，所以错怪亲家。至于下厨，小女也应和其他家人一样，不能例外。她若有不解之处，父母一定为之开导。"

从那以后，宰相夫人和家人一样，下厨做饭了。

□故事感悟

马亮劝亲家翁别让女儿再操劳，本是出于对女儿的关爱，但当他得知陈家举家都在辛苦劳作时，就改变了原来的主意，让女儿一同劳动，以培养良好的品行和尊老爱老的礼节。

□史海撷英

水利世家

陈省华在水利方面的成就一直被后人所称道。他在栎阳任职期间，曾派人去壅塞，最终使水利均沾；到苏州后，又安抚因大水形成的流民数千家；当河决郓州时，陈省华又奉命负责堵缺口的工作。

自古以来，黄河就是有名的地上悬河，经常决口为害。黄河决口又多在郑州以下，因为那里是无阻的海滨平原，而北宋时期又是历史上黄河决堤改道最为频繁的时期，曾形成了几股河道入海。陈省华临危受命后，率领军民苦战奋斗，终于使黄河回归旧道。

宋太宗从治河业绩中，也看出了陈省华的理财本领，任命他做为黄河危害的京东路转运使。陈省华重经济、兴水利的行事作风，应该在陈氏"水利世家"上再加一个"经济世家"的头衔。

■文苑拾萃

过义门山庄

（宋）陈尧叟

旌阙书亭焕水乡，四时烟景似沧浪。

浔阳霁色连莎砌，庐岳清荫覆草堂。

田里苁蓉应逊畔，儿孙游戏亦成行。

吾君致理行天下，谁拾风谣缀乐章？

朱元璋教子体察民情

朱元璋（1328—1398），明朝的开国皇帝，汉族，姓朱，名元璋，初名重八，后更名兴宗，字国瑞。生于盱眙太平乡（今安徽省明光市明光街道赵府村附近）。俗称洪武帝、朱洪武，庙号太祖，其统治时期被称为"洪武之治"。朱元璋早年曾参与元末起义，并通过连年征战，最终统一中国，建立了历史上大一统的明王朝。在位期间，通过廷杖大臣、废相、设锦衣卫、大杀功臣（也包含惩治贪赃枉法的元勋）等毒辣手段，建立起了一套维护皇权的体制。正是由于这些举措，使得明朝存在的276年期间内没有外戚专权或军阀割据，也未形成似唐末"牛李党争"的祸乱。然而，朱元璋为巩固君权，于洪武十三年（1380年）胡惟庸案后废除丞相，令权力高度集中于皇帝而臣下权力分散，进而导致明朝后来内臣宦官乱政的局面。

明朝开国皇帝朱元璋十分重视对子女的教育，他在应天（今南京）称吴王以后，立即把13岁的朱标立为世子（继承人），专意加以培养。

朱元璋认为儿子从小没吃过苦，不知道创业的艰难和民间的疾苦，应该让他到实际生活中去经受一番磨炼。于是，他以祭扫祖宗坟墓为由，派朱标回濠州老家。临行之前，朱元璋把儿子叫到面前，语重心长地说："在历史上凡是有建树的人，他的青少年时代都经过艰苦生活的磨炼。你这次回故乡，通过了解民情风俗，拜访父老乡亲，可以认识到创立基业的艰难。"

扫墓完毕，朱标向父亲回禀了沿途的见闻和回故乡的感受。朱元璋鼓励他要多了解下情，时时想着全天下的人，以便将来担当治国重任。

不久，冬天到了。这一天，朱元璋按照历代传统，带领文武百官去南郊行祭天之礼，朱标也被通知随同前往。出城门不远，经过一个村庄，朱元璋命大臣请朱标下马，步行到附近农家访问。

在大臣的指引下，朱标来到一户农家门前，只见院墙歪斜，柴门断裂，主人是一对年过六旬的老夫妇。朱标等人的到来，不免使他们惊慌。那位大臣上前施礼，并说明来意，两位老人听后连忙还礼，并请他们到里面休息。

院内只有两间低矮的草屋，门楣前吊着一张草帘子当做门扇，屋内真可谓家徒四壁。大臣把屋内的物件指给朱标看：几截大树桩是座位，一堆稻草是床铺，一个土台子是饭桌，台子上几只粗糙的陶碗是家中最上等的用具，灶上的一只铁锅已经裂缝……大臣又请朱标看两位老人的衣裳，朱标仔细一看，只见两位老人身穿补丁叠补丁的粗麻布衣，冬至时节的严寒，使他们瑟瑟发抖。

朱标看到这些情形，想起自己锦衣玉食的生活，不由产生了一种无功受禄的羞惭之感。他忽然觉得自己应该帮助两位老人。

这时，那位大臣已命令随从人员取出一些银两，送给两位老人，他们在老人的感谢声中离开了这户农家。

朱标心里很不是滋味，默默无语地往回走。

朱元璋见儿子回来了，正想询问，只见儿子低着头，面带惭愧之色，说："父王的深意，儿臣已明白了。"

朱元璋听后，深感欣慰，轻捻胡须说："好！好！"

开国皇帝朱元璋为了让子继父业，很重视让子女深入民间，体察民情。他知道，在历史上凡是有建树的人，青少年时代都经过艰苦生活的磨炼。

■故事感悟

一个封建帝王能总结出这样的道理，教子知道创业的艰难，这点很值得我们学习。当今社会有些父母深思熟虑，教子以礼，让子女们更好地成长，也是值得借鉴的。

■史海撷英

朱元璋打击贪官

朱元璋由于出身贫民，幼年时期生活苦难，因而对贪官污吏深恶痛绝。朱元璋称帝后，制定了一系列的措施打击贪污，并规定：贪污60两银子以上的官员格杀勿论。

当朱元璋发现御史宇文桂身藏十余封拉关系托求进的信件后，立即派人对中央各部和地方官府进行调查，结果显示：从上到下贪污腐败现象极其严重。朱元璋大怒，立即诏令天下："奉天承运，为惜民命，犯官吏贪赃满60两者，一律处死，决不宽贷。"并称：从地方县、府到中央六部和中书省，只要有贪污的，不管涉及谁，不论官职如何，都决不心慈手软，一查到底。

题明太祖陵

（清）赵翼

定鼎金陵控制遥，宅中方轨集轮镳。
千秋形胜从三国，一样江山娄六朝。
燕啄皇孙传岂误，狗烹诸将乱终消。
桥陵曾借神僧穴，易代犹闻禁采樵。

第四篇
礼待贤能

周公旦 "一饭三吐哺"

周公（生卒年不详），姓姬，名旦，谥文，周文王第四子，周武王之弟，被称为叔旦。因采邑在周城（约今陕西凤翔区附近），称为周公，是周国的始祖。周公的后代封于鲁国，又被称为鲁周公。另称周文公、周旦等。武则天天授元年（690年）追封为"褒德王"，宋真宗大中祥符元年（1008年）追封为"文宪王"，后世多称其为"元圣"。

周公在少年时代，就以仁孝闻名于宫内，上上下下都很喜欢他。文王死后，武王继位，周公辅佐武王灭了商朝，建立了西周。

武王登上王位之后，为了加强对全国的统治，进行了大规模的分封，把同姓贵族、异姓贵族以及商的后裔分封为大小不同的诸侯。武王把周公封在鲁（今山东西南），都城在曲阜。但武王仍需周公在身边辅政，周公的儿子伯禽便代替父亲为鲁君，而周公则留在武王身边帮助武王治理国家。

周公深知父亲文王、胞兄武王礼贤下士的美德，所以在辅佐武王时，十分谦虚恭谨，礼遇贤士。

武王在灭商后的第二年病故。武王的儿子诵继位，为成王。

当时成王年龄小，尚不能独立执政，加上周朝刚刚平定了天下，周公恐怕诸侯叛乱，就代成王摄理国事，主持政务。

周公执政，真可谓竭尽忠诚，鞠躬尽瘁。

天下初定，百废待兴，该做的事情非常多；再加上周公礼贤的美名早已远播，所以大家有什么都来找周公。有反映问题的，有出谋划策的，上至大臣，下至百姓，络绎不绝。周公府前常常是车水马龙，门庭若市。

而周公不管怎么忙，对来访者从不怠慢。无论是正在休息，还是正在吃饭，他都马上接待。常常是洗一次头，要三次停下来会见客人；吃一顿饭，要三次把嘴里的饭吐出来与来人交谈。这就是典故"一沐三握发，一饭三吐哺"的由来。

由于周公能广开言路，才得以采纳了许多好建议，尽心尽力辅佐成王。不仅如此，他还告诫自己的儿子，要在鲁国谨慎从政，不要以为自己是国君就轻视下面的人。

后来，周公的弟弟管叔和蔡叔怀疑他别有所图，便会同纣王的儿子武庚作乱，背叛了周室。周公奉了成王之命，讨伐他们，诛杀了武庚、管叔，并放逐了蔡叔，灭掉了随同叛乱的东方诸国。

周公代行王权七年之后，成王已能独立执政，周公便把政权交给了成王。之后，他便以大臣的身份和普通大臣一样出入朝中，从不居功自傲。

□故事感悟

为了周朝的兴盛和长治久安，周公勤政不辍，十分注重听取众人对治国的意见。他一沐三握发，一饭三吐哺，表现了对他人的高度尊敬，自然也获得了他人的爱戴。周公能成为名垂千古的政治家，他的谦逊和有礼起了很大的作用。

周公东征

公元前1045年前后，周公旦为了巩固周朝的统治，平定"三监"及武庚叛乱，对东方诸国进行了征服战争。历史上称周公的这次征服战争为"周公东征"。

周朝在灭掉商朝后的第二年（约公元前1045年），周武王便不幸病逝，其子姬诵即位，是为周成王。

成王即位后，因年幼，便由周公旦摄政，代成王治理国家。在这期间，管叔企图继承王位，因此对周公旦摄政极其不满。于是，管叔到处散播流言，并煽动蔡叔、霍叔，怂恿武庚及东方诸国，以"周公将不利于孺子"为借口，公开发动叛乱。面对来自内外两方面的敌对势力，周公旦多方权衡，最后决定兴师东征。

周公东征共历时三年之久，最终杀掉了武庚和管叔，流放了蔡叔，废掉霍叔，彻底平定了三监及武庚之乱。在东征过程中，周公还消灭了包括殷、东、徐、熊、盈、攸、奄、九夷、丰、蒲姑、淮夷和东夷诸国等参加叛乱的五十多个小国家。

周公所进行的东征，使周朝的影响远达东海之滨，对周王朝的巩固和发展具有重大的意义。

寓言三首（周公负斧扆）

（唐）李白

周公负斧扆，成王何夔夔。

武王昔不豫，剪爪投河湄。

贤圣遇谗慝，不免人君疑。

天风拔大木，禾黍咸伤萎。

管蔡扇苍蝇，公赋鸱鸮诗。

金縢若不启，忠信谁明之。

摇裔双彩凤，婉娈三青禽。

往还瑶台里，鸣舞玉山岑。

以欢秦娥意，复得王母心。

区区精卫鸟，衔木空哀吟。

长安春色归，先入青门道。

绿杨不自持，从风欲倾倒。

海燕还秦宫，双飞入帘栊。

相思不相见，托梦辽城东。

秦穆公舍马得勇士

秦穆公（？—前621），一作秦缪公。春秋时期秦国国君。嬴姓，名任好。在位三十九年（公元前659年—前621年）。谥号穆。秦穆公非常重视人才，在位期间获得了百里奚、蹇叔、丕豹、公孙支等贤臣的辅佐，曾协助晋文公回到晋国夺取王位。周襄王时期，出兵攻打蜀国和其他位于函谷关以西的国家，开地千里，因而周襄王任命他为西方的诸侯之伯，遂称霸西戎。

秦穆公在位期间，治国有道，文臣武将都能够各尽其力，因而政务井井有条。此外，秦穆公一直都具有称霸中原的野心，不仅从军事上大力扩张实力，而且还很注意施恩布惠，收买人心。

秦穆公养着一匹千里良驹。由于得来不易，秦穆公对这匹马倍加珍惜，为此还特地盖了一个宽敞的新马厩，各处洗刷得干干净净。秦穆公对这匹马喜爱至极，特意指派两名马夫精心地伺候它。

一天，马夫们一个闪失，马厩的门没关严，这匹千里马居然瞅准机会跑了出去。

这匹马跑出都城，来到了荒郊野外。它平时都养尊处优惯了，根本没有什么危险的意识。结果一群穷苦的百姓看见了这匹无主的肥马，简直乐坏了，一拥而上将它逮住，然后毫不犹豫地就把它杀掉，三百多人美美地吃了一顿马肉。

马夫发现马走失后，吓得大惊失色，赶紧报告上级官吏。官吏心想，这匹马是国王的爱马，一旦有个三长两短，那我们不得丢了命呀！

于是，一大帮官吏倾巢出动去寻找，好不容易才找到一点儿踪迹。可是眼前的景象却让人目瞪口呆：一大群衣衫褴褛的穷人正围着一锅肉吃得欢，旁边还扔着马皮和一堆马骨头。

毫无疑问，这三百多人都统统被抓了起来，只待秦穆公一声令下，便将他们处以极刑。以百姓之贱躯，而敢食大王的爱马，还有比这更严重的弥天大罪吗？官吏们都抱着将功赎罪的心情，等待秦穆公下令。

秦穆公得到这个消息后，沉吟了半响后说："放了他们吧。"

"啊？为什么，他们可是吃了您的千里马啊！"官吏感到十分不解。

秦穆公说："君子不能为了牲畜而害人。算了，不要惩罚他们了，放他们走吧。而且，我听说过这么回事，吃过好马的肉却不喝点酒，是暴殄天物，而不加以补偿，对身体大有坏处。这样吧，再赐他们一些酒，让他们走吧。"

几年后，秦国发生了饥荒，晋国的晋惠公趁机大举入侵秦国，秦穆公急忙率领大军抵抗。在战争期间，有三百多名勇士主动请缨，要为保护秦穆公效力。

原来，这些人就是几年前吃掉千里马的那群百姓。战场上杀声震天，秦穆公被晋军重重包围，身上也受了伤。三百多名勇士为了报恩，护卫着秦穆公左冲右突，拼了全力斩杀晋军，晋军吓得连连后退，撤了包围圈，秦穆公这才得以安全地逃脱。而那三百多人居然杀得兴起，继续追杀晋军，竟然让战役反败为胜，在乱军中将晋惠公活捉了，凯旋回国。

■故事感悟

无论是君主、将领还是一般的领导，都必须明确待人尚礼这个道理。争取群众的最大支持，才是建功立业的根本，才能换得下属的衷心感激和爱戴。不得人心者失天下，这是古已有之的训导。

■史海撷英

秦穆公西部开疆

秦穆公时期，秦国的西部生活着许多戎狄的部落和小国，如陇山以西的昆戎、绵诸、翟，泾北的义渠、乌氏、胸衍之戎，洛川的大荔之戎，渭南的陆浑之戎，等等。他们经常突袭秦国的边地，抢掠粮食、牲畜，掳夺子女，给秦人带来了很大的苦难。

秦穆公在向西发展方面，采取了比较谨慎的措施。当时，西戎诸部落中较强的是绵诸、义渠和大荔。其中，绵诸王的驻地在秦国的故土附近，与秦国疆土相接。

绵诸王听说秦穆公很贤能，就派由余出使秦国。秦穆公对由余隆重接待，并向他展示了秦国壮丽的宫室和丰裕的积储，同时还向他了解西戎的地形、兵势等。

秦穆公还采取了内史廖的策略，挽留由余在秦国居住。同时，秦穆公又派人给绵诸王送去女乐。动听的秦国音乐和优美的秦国舞蹈，让戎王大享眼耳之福。他终日饮酒享乐，不理政事，国内大批牛马死亡，他也不加过问。等到绵诸国内政事一塌糊涂之时，秦穆公才让由余回国。由余劝谏戎王，遭到了拒绝。后来在秦人的规劝下，由余归向了秦国。秦穆公以宾客之礼接待由余，和他一起讨论统一西方戎族的策略。

穆公三十七年（公元前623年），秦军出征西戎，在酒樽之下活捉了绵诸王。秦穆公乘胜前进，二十多个戎狄小国先后归附了秦国。

至此，秦国辟地千里，国界南至秦岭，西达狄道（今甘肃临洮县），北至朐衍戎（今宁夏盐池县），东到黄河，史称"秦穆公霸西戎"。

■ 文苑拾萃

秦穆公墓

（宋）苏辙

泉上秦伯坟，下埋三良士。
三良百夫特，岂为无益死。
当年不幸见迫胁，诗人尚记临穴惴。
岂如田横海中客，中原皆汉无报所。
秦国吞西周，康公穆公子。
尽力事康公，穆公不为负。
岂必杀身从之游，夫子乃以侯嬴所为疑三子。
王泽既未竭，君子不为诡。
三良狥秦穆，要自不得已。

吴起善待部下感动军心

> 吴起（约公元前440—前381），战国初期的军事家、政治家、改革家，兵家代表人物。卫国左氏（今山东省定陶县，一说山东省曹县东北）人。吴起历侍鲁、魏、楚三国，通晓兵家、法家、儒家三家学说，在内政、军事上都有极高的成就。司马迁著《史记》时，将孙武和吴起合立于《孙子吴起列传》。他著有《吴子兵法》一书，由于他在军事理论上的贡献，后人将孙武、吴起并称为"孙吴"。

战国时期，魏国有一位著名的大将，名叫吴起。吴起精通兵法，能征善战，在诸侯国中很有名望。他不但会用兵，还会带兵，很受士兵们的拥戴，士兵们都肯听从他的将令。

作为军队统帅，吴起丝毫没有架子，经常与下层的士兵打成一片。他的生活平时也很简朴，衣服的质地与最低级的士兵的衣服完全一样；吃的也不是美味佳肴，而是与大家的伙食一样；睡觉时，他也不铺厚褥，只盖了薄薄的一层褥子。平时赶路时，能步行就步行，不骑马不乘车；赶上行军艰难时，他还亲自背上干粮身先士卒。因此，士兵们对他都敬服不已，说他是一位真正能同甘共苦的好将领。

一天晚上，吴起去军营中查营，突然听见一座营房里传出痛苦的呻吟声。他马上走进营房察看，只见一位士兵正躺在床上，面如土色，疼得一个劲儿地叫唤，显得十分难受。几个士兵都站在一旁，都是一副无可奈何的表情看着他。

吴起关切地问："怎么回事？"

旁边有人回答说："他患了痈疽。大夫不肯来看病，只得自己挨着。"

吴起勃然大怒："这还了得！赶快把大夫找来！"

大夫诚惶诚恐地赶来了，给士兵看完病，又开了些药，说："他这个病得自己好，化了脓就能渐渐好了。"

吴起仔细地察看士兵的脓疮，只见脓包又红又肿，鼓胀胀的，还散发出特有的恶臭。士兵不住地呻吟着，可怜巴巴地瞅着吴起。

吴起一弯身，凑近脓肿处，用嘴开始吮吸起来！

"不，不。"士兵惊慌地扭动起来，不让他吮。旁边的人也再三劝阻："将军您是军队统帅，保重身体要紧，千万不可这么做！"

吴起摆摆手，继续吮，吮一口，吐一口，士兵身上的脓肿渐渐小了，士兵也露出了舒坦的神情。这时，包括大夫、旁观者和病人在内，所有人都感动得流下了眼泪。

吴起如此善待自己的部下，士卒们无不动容，打起仗来也是舍生忘死，视死如归，都抱着为吴起效死的决心。正因如此，吴起统率的军队才战无不胜，取得了一个又一个的胜利。

□故事感悟

想得到下属的忠诚，首先要按人之常情和事之常理对待下属。礼的内容很多，如尊重、仁慈、爱护等。领导如果对下属尽心，下属自然也会对领导忠心。

阴晋之战

公元前389年，秦国率领50万大军，进攻秦国东进道路上的重要城邑阴晋。在阴晋的城外，秦军布下营垒，准备攻城。

此时，魏国在河西正驻守着一支精锐的军队，军队的首领为著名大将吴起。为了激励士兵，保持高昂的士气，他请国君魏武侯举行庆功宴会，让立上功者坐在前排，使用金、银、铜等贵重餐具，猪、牛、羊三牲皆全；立次功者坐在中排，贵重餐具适当减少一些；无功者则坐在后排，不得使用贵重的餐具。

宴会结束后，魏文侯还特意论功赏赐有功者的父母妻子和家属等。对死难将士的家属，每年都会派使者慰问，赏赐他们的父母，以示不忘。

这一措施实施三年后，秦军一进攻河西，魏军立即就会有数万名士兵不待命令而自行穿戴甲胄，要求作战。

面对秦军大规模进攻，吴起还请求魏武侯派出五万名从未立过功的人为步兵，由自己亲自统率反击秦军。战前一天，吴起向三军发布命令说：诸吏士都应跟我一起去同敌作战，无论车兵、骑兵和步兵，"若车不得车，骑不得骑，徒不得徒，虽破军皆无功"（《吴子·励士》）。

然后，吴起便率领魏军在阴晋向秦军发起了反攻。这一天，魏军的士兵人数虽少，却个个勇猛杀敌，以一当百。经过反复的冲杀，魏军将50万秦军打得大败，取得了辉煌的胜利。

吴起

（宋）徐钧

兵书司马足齐名，盟母戕妻亦骇闻。
主少国疑身不免，先知已自服田文。

子产指责晋国无礼

子产（？—前522），姬姓，国氏，名侨，字子产，又字子美，谥成，又被称为公孙侨、公孙成子、东里子产、国子、国侨、郑乔等。春秋末期郑国的政治家、思想家、改革家。子产在执政期间，改革内政，慎修外交，捍卫了郑国的利益，极受郑国百姓的爱戴，后世对其评价甚高，将他视为中国历史上宰相的典范，清朝的王源更推许子产为春秋第一人。

春秋末期，子产担任郑国的执政长达20余年。当时，子产不仅是一位颇有政绩的政治家，还是一位杰出的外交家。他曾经多次出使其他诸侯国，每一次都出色地完成了使命。

《左传·襄公三十一年》（公元前542年）中记载了一则子产出使晋国的故事：

这一年的六月，子产陪同郑简公出访晋国。当时正赶上鲁襄公逝世，晋平公摆起了大国君主的姿态，借口为鲁国国丧志哀，停止朝会（即停止办公），没有迎接子产和郑简公。于是，子产命令随行部队将晋国馆舍的围墙拆掉，然后把自己的车马开了进去。

晋国的司空（官名，掌管国家工程）士文伯知道这个消息后，大吃一惊，立刻赶到馆舍，很有礼貌地向子产提出了责问："我国为了防止盗贼，保证诸侯来宾的安全，才建造了馆舍，修筑了厚墙。现在，您把馆舍的墙拆除了，来宾们的安全应该由谁来负责呢？何况，我国是诸侯的盟主，各诸侯国前来拜访的宾客也是很多的。如果每个人都学您这个样子，动不动就拆墙，那我们怎么样来供应侍候呢？"

子产义正词严地回答说："我们郑国是个小国，所以要按时搜罗财物前来进献。现在，恰逢贵国国君没有工夫见我们，而又不知什么时候才得见到。我们不能擅自把财物送往你们的国库，你们的国库其实都满满的了。我们也不敢把礼品就这样露天放着，因为这样，东西很容易受潮，或者干坏，或者被虫蛀蚀。那我们岂不是更要得罪晋国了？我听说，你们的晋文公当盟主的时候，接待诸侯来宾可不是这个样子的。那时，宫廷修造得十分简陋，完全没有什么楼台亭阁，却特意把馆舍建造得宽敞漂亮，像王宫一样，道路也修整得平平坦坦的。冬天客人一到，火就马上生好，招待得热情周到，车马也都有地方安顿，'宾至如归，无宁菑患'。客人把事情办完后，也就很快走了，既不怕盗贼，也不愁潮干虫蚀。如今，你们的离宫宽广数里，馆舍却像奴隶住的一样，门口狭隘窄小，连车子都拉不进来。治安和卫生也都很差，客人来了，不知什么时候能够得到接见，这不是有意叫我为难吗？……"

士文伯回去后，就向晋平公如实地报告了子产的话。晋国的国相赵文子说：确实是这样。我们自己先理亏了，拿奴隶住房似的馆舍去接待诸侯，这是我们的过错呀。于是，派士文伯去赔礼道歉，承认自己没有才能，没有把事情办好。

晋平公隆重地接见了郑简公和子产，并设下盛大的酒会欢迎郑国的客人，还立刻下令重新修建馆舍。

子产的话义正词严，援引晋国先君尊重他国客人的实例批评了现在的晋国君臣傲慢无礼的态度。他的自尊与勇敢赢得了对方的尊重，故事也告诉我们在和他人相处时应该怎样做。

子产料兵祸

公元前565年4月22日，公子发和公孙辄侵入蔡国，俘虏了蔡国的司马公子燮。

郑国人知道这件事后，都很高兴，只有子产不随声附和。子产说："小国缺乏文治却有了武功，没有比这更大的祸患了。楚国人如果来讨伐我们，我们能不顺从他们吗？顺从了楚国，晋国的军队就一定会前来了。晋楚两国进攻郑国，从今往后，郑国至少四五年不得安宁了。"

公子发听了子产的话很生气，对子产说："你知道什么？国家有出兵的重大命令，而且有执政的卿在那里，你乱说这样的话是会被杀的。"

这一年的冬天，楚国的令尹公子贞率兵攻打郑国。公子騑、公子发、公孙辄等人建议要顺从楚国，公子嘉、公孙虿、公孙舍之则要等待晋国的援救。最后，大家听从了公子騑的意见，与楚国讲和。

公元前564年，晋国又进攻郑国，郑国人十分害怕，就派人向晋国求和。郑国的六卿公子騑、公子发、公子嘉、公孙辄、公孙虿、公孙舍之以及他们的大夫、卿的嫡子，都跟随着郑简公参与结盟。

由于郑国在结盟过程中表现出了不顺从，晋国便带领诸侯再次进攻郑国。不久，楚共王又进攻郑国，郑国不得不再次与楚国讲和，子产的话得到了应验。

□文苑拾萃

郑子产庙

（宋）宋祁

不知东里叟，遗迹但堪寻。
语爱东家泪，论交季子心。
故坟犹有石，遗鼎遂无金。
谬政为邦久，千秋谢所钦。

魏惠王以礼得人心

魏惠王（公元前400—前319），姬姓，魏氏，名罃（《战国策》作"婴"）。战国时期魏国的第三代君主，在位期间为公元前370年—前319年。

战国时期，魏国是个很强大的国家，可是到了惠王时，国势却一度衰弱下来，军事上连连失利。惠王心里很着急，这到底是为什么呢？他进行了深刻的反省。他想到了在齐国的孙膑和在秦国的商鞅如今都显示出了非凡的才能，可他们先前都曾在魏国待过，自己当时为什么就没有重用他们呢？魏惠王为人才流失痛心后悔，他决心以后要广求贤士，重用人才，重振国威。

于是，魏国大臣们奔走于各国，用最谦卑的态度、最优厚的待遇，诚恳邀请天下贤才到魏国来，像邹衍、孟轲就是这样被请来的。

当时有个叫淳于髡的人在齐国做官。此人精通文韬武略，是个了不起的人才。惠王多次派人去请他，都没有请来。

"不管怎么困难，也要把他请来，至少要请他来做客。"惠王命令道。

魏国的大臣们费了许多周折，淳于髡终于同意来做客。惠王非常高兴，立即设宴款待。惠王及其大臣们殷勤劝酒，可淳于髡只是吃菜喝酒，并不说话。惠王向他请教问题，他也只是嘻嘻哈哈，并不作正面回答。

　　宴毕，惠王亲自送淳于髡到馆舍休息。回来的路上，惠王不免有点沉不住气，对大臣们说："你们好不容易把他请来，我本想好好向他请教，可他却不予回答，怎么办呢？"

　　一位大臣说："大王别着急，您还记得吧，淳于髡先生以前是个隐士，曾两次求见大王，可正巧两次都碰上您在接受礼物而怠慢了他。他认为您不珍惜人才。虽然今天您把他请来做客，他对大王的心思并不十分了解。他是有意在考验您呢！看您是否真的求贤若渴。"

　　惠王这才恍然大悟。

　　第二天，惠王又把淳于髡请到府上，诚恳地道歉说："寡人曾两次失敬于先生，这真是寡人的大错啊！第一次您来，正赶上有人进献好马，第二次又遇上有人送来一名善于弹琴唱歌的乐工，当时我虽然接见了您，但心思都在马匹和乐工身上，没顾上向您讨教治理国家的方略。我把声色享乐看得比治国安邦还重要，我真糊涂啊！我冷淡了先生，请先生多多原谅！"

　　淳于髡见惠王态度诚恳谦恭，很受感动，觉得谈论治国之道的时机已经成熟，便坐下来与惠王倾心交谈起来。淳于髡对魏国的政治、军事等方面的情况作了极为中肯的分析，讲述了治理国家的道理和方法，提了一些建议，一直谈了三天三夜。魏惠王深受启发，一再对淳于髡表示谢意。

　　虽然淳于髡最终还是没有到魏国做官，但是魏惠王敬贤、礼贤、爱贤的名声却传了出去。后来，一些有才能的人纷纷慕名前去投奔。

魏惠王曾因贪图享乐使贤士淳于髡寒心。但他从谏如流，知错能改，放下身价，诚心诚意向淳于髡致歉、求教，终于得到了治国良策，并招来了不少人才。这就说明，知错能改，虚心向贤士求教，注重礼仪，尊重他人，就一定能获得真知，取得进步。

■史海撷英

魏惠王围赵邯郸

魏惠王统治的前期，曾多次与邻国的君主会面，并与韩国、赵国等国家互相交换领土，从而使魏国的领土联结成为一片。

惠王十七年（公元前354年），赵国讨伐卫国，魏国出兵救卫，打败了赵国，并派遣十万军队包围了赵国的首都邯郸，于次年十月攻破该城，迫使赵成侯北走信都。

后来，齐国以围魏救赵的方法援救赵国，魏国便派遣庞涓带领八万军队迎战，是年十二月发生了桂陵之战。

在这一战役中，魏国战将庞涓虽然被擒，但魏军的主力却并没有受到多大的损失。惠王十九年（公元前352年），魏国扭转战局，并与韩国结盟，一起合力围攻襄陵城的齐、卫、宋之联军，并打败了联军，齐威王只好收兵，并请楚国大臣景舍调停。

次年，魏惠王与赵成侯会于漳水，结缔盟约，魏国将邯郸归还给赵国。

中原战局结束后，魏惠王便集中军力对付西边的秦国，最后迫使趁虚而入的秦国求和。

周瑜执礼侍君臣

> 周瑜（175—210），字公瑾，人称"美周郎"。庐江郡舒县（今安
> 徽省舒城县）人。东汉末年三国时期著名的军事家，东吴势力取得军
> 事成功和割据地位的主要功臣之一。他所指挥的"赤壁之战"，是我
> 国历史上著名的以少胜多的战役，也直接决定了三国时期魏蜀吴三国
> 鼎立的局面。但是取得胜利后不久，他就因病逝世，年仅三十六岁。

　　汉末、三国初年，曾与孙坚一起讨伐董卓的吴国大将周瑜与孙家的
关系很密切。

　　当时，周瑜与孙坚的儿子孙策同岁。两个人的感情很好，周瑜还把
自己家最好的房间让给孙策住。

　　孙策的母亲很喜欢周瑜，让孙策的弟弟孙权以兄长的礼节对待周瑜。

　　那时孙权还是个将军，上上下下的将臣对他都很随便，不讲那么多
礼节。但周瑜却不这样做，从不以兄长自封而自以为是，对孙权一直行
君臣的礼节，恭敬从命。

　　周瑜不但对王室行将臣之礼，对同僚也讲仁义之节。

　　有一位与他一起征战多年的老将程普，总以自己年长功高而看不起

周瑜，多次欺侮他。周瑜完全可以利用自己与孙家的关系和征战的功劳与他争个高低，来回击程普的奚落，但他考虑到国家大局，每次都忍辱退让，从不与他计较。

周瑜这种以大局为重不计较个人恩怨的品德感动了程普，后来程普逢人就赞赏周瑜的品行，说："与周瑜交往就像喝了甘甜醇厚的美酒，不知不觉便醉了。"

■故事感悟

周瑜是三国时期一位真正的英雄，更是一位儒雅君子。他虽为武将，却深懂礼节。他以礼侍君，以礼待他人，最终赢得了他人的尊重，团结了一批杰出的人才为吴国大业奋斗。

■史海撷英

周瑜胸有百万兵

208年秋天，曹操大军南下，吴国上下恐惧不已。这时，周瑜向孙权指出："操虽托名汉相，其实汉贼也。将军以神武雄才，兼仗父兄之烈，割据江东，地方数千里，兵精足用，英雄乐业，尚当横行天下，为汉家除残去秽。况操自送死，而可迎之耶？请为将军筹之：今使北土已安，操无内忧，能旷日持久，来争疆场，又能与我校胜负于船楫，可乎？今北土既未平安，加马超、韩遂尚在关西，为操后患。且舍鞍马，仗舟楫，与吴越争衡，本非中国所长。又今盛寒，马无藁草。驱中国士众远涉江湖之间，不习水土，必生疾病。此数四者，用兵之患也，而操皆冒行之。将军擒操，宜在今日。瑜请得精兵三万人，进住夏口，保为将军破之。"（《三国志·吴书·周瑜鲁肃吕蒙传》）

孙权听了周瑜的话大喜，从而坚定了抗曹的决心。